EL CUIDADO DE LOS PÁJAROS
Autor: Adolfo Pérez Agustí

Edita: **Ediciones Masters**
Fernán Caballero, 4-1º dcha.
28019 MADRID (Spain)
edicionesmasters@gmail.com
www.edicionesmasters.com

Pequeños, frágiles, inquietos, entrañables y habitualmente esquivos, los pájaros son una de las criaturas más afortunadas de la naturaleza pues poseen el don más maravilloso de todos: volar. Con frecuencia envidiadas por el hombre e imitadas desde hace siglos, las aves nos demuestran una y otra vez que nunca conseguiremos volar por nuestros propios medios y que necesitaremos para ello algún tipo de máquina o aparato que nos permita mantenernos en el aire. El ser humano puede nadar de modo similar a los peces, horadar la tierra como los gusanos, correr como los caballos, trepar como los monos y hasta construir viviendas complejas como las hormigas; todo eso lo puede hacer con la sola ayuda de sus manos, pero volar con sus propias facultades lo tiene vetado por la naturaleza. Por eso no nos debe extrañar que su frustración le lleve frecuentemente a privar a las aves de su don más preciado, el de volar, como si con ello quisiera demostrar que sigue siendo el ser más hábil en la naturaleza. Afortunadamente el hombre también es un buen protector de los animales, pues al enjaular a un pájaro también le está protegiendo y alimentando, y hasta podemos lograr que sean felices encerrados. De todos modos, nunca se olvide cerrarles la puerta de la jaula, puesto que basta con dejarla un poco entreabierta para que emprendan un veloz vuelo sin retorno. Mejor demostración sobre sus verdaderos deseos, imposible.

Desdichadamente, para que puedan estar junto al hombre solamente se ha encontrado el incruento modo de encerrarles en una angosta jaula, pero esto que aparentemente parece un contrasentido (si les encerramos no podemos jugar con ellos), es el mejor medio para que no nos conformemos con verles volar en la lejanía. El sistema ha dado buen resultado, y nadie puede negar que la mayoría de los pájaros de jaula logran ser felices y desarrollarse perfectamente, al menos si lo evaluamos escuchando sus trinos, síntoma inequívoco de que todo está en orden en su vida.

Delicados y casi siempre bellos, los pájaros enjaulados parecen no aportar nada a las personas, pero cuando la pequeña mascota cae enferma y mucho más cuando muere, todo el hogar se queda mudo de tristeza durante unos días. Tan delicada es nuestra relación con ellos que les solemos poner nombres en diminutivo y les llamamos así esperando una respuesta que nos haga ver que nos han entendido, aunque reiteradamente el coloquio entre aves y humanos sigue siendo imposible. Tan alejados están de nuestra propia escala evolutiva que salvo especies muy concretas, como los loros, resulta difícil que puedan vivir en plena libertad dentro de los hogares del mismo modo que lo hacen perros y gatos, ni siquiera a cambio de comida.

La naturaleza también parece poco acogedora con los pájaros, con tantos depredadores sumamente poderosos a su alrededor y un clima hostil tanto en verano como en invierno, pero si ellos han conseguido evolucionar y sobrevivir desde hace milenios, con seguridad nos acompañarán otros tantos años. Por todo ello, si usted adquiere un pequeño pajarillo, un recién nacido, el cual apenas parece darse cuenta del inmenso mundo que existe fuera de los barrotes de su jaula, sepa que cuidándole y alimentándole con cariño seguramente conseguirá que sea feliz. Y es que comida y cama son dos cosas que todos queremos, especialmente si nos las dan gratis.

IDEAS PARA PRINCIPIANTES EN AVES

Si tiene la intención de criar aves ornamentales deberá considerar primero qué condiciones podrá ofrecer a sus huéspedes alados, pues de habitar un apartamento sin jardín deberá optar por las especies que puedan vivir en el interior, o en un balcón. Si insiste en mantener encerrada algún ave que no está hecha para la cautividad seguramente se morirá, aunque le alimente y cuide con el mayor de los esmeros. No obstante, existe una gran diferencia entre el criador principiante pero apasionado que desea realmente criar aves y el experto profesional, pues para los primeros siempre existen ejemplares que se adaptan con facilidad, como los canarios, jilgueros, ruiseñores, cotorras, etc.

Obsérvele con frecuencia

Nadie mejor que nosotros podremos determinar si nuestra ave está o no sana. Comprobar que su comportamiento y su aspecto son los de siempre es determinante para saber en qué estado se encuentra el animal; por eso es tan importante estar pendiente de él en cada momento para poder advertir cualquier cosa que pueda considerarse anormal.

Existen una serie de pautas que nos ayudarán a determinar si el pájaro se encuentra en perfectas condiciones.

El aspecto general de un ave sana deberá ser el siguiente:

Ojos limpios y redondos.
Cera, párpados y patas de color amarillo o anaranjado.
Plumaje brillante.

Con la observación de estos puntos, deberemos prestar atención a los excrementos del animal, ya que a través de ellos podemos llegar a determinar si existe alguna enfermedad (que de ser así será casi con total seguridad de carácter nutricional o alimenticio). Para saber si nuestra ave defeca en condiciones normales tenemos que observar una cosa muy importante: la parte blanca deberá estar más o menos concentrada y la parte sólida con un color más o menos marrón. Si observamos que nuestro animal no cumple alguno de los puntos anteriores deberemos ponernos sobre aviso y extremar las precauciones, y si se llegase a considerar necesario tendremos que ponernos en contacto con el veterinario para hacer una revisión.

Generalidades físicas

Con una temperatura corporal media de 42º C y con un plumaje que les protege de las inclemencias del tiempo, son capaces de moverse y desplazarse perfectamente en climas cálidos y muy fríos.
No tienen dientes y la labor de masticar es efectuada por el pico y el estómago o molleja.
Las hembras normalmente sólo tienen desarrollado un ovario.
No transpiran y se enfrían por el cuello.
Sobreviven habitualmente mediante su astucia y su facultad para engañar al enemigo.

Volando pueden alcanzar con facilidad los 70 km/h y con viento a favor algunas especies llegan a los 140 km/h. En picado, el halcón peregrino puede sobrepasar los 300 km/h.

Su órgano más desarrollado, además de las alas, es la vista. Se adaptan a la oscuridad sin problemas y localizan objetos pequeños situados a grandes distancias.

Otro sentido muy desarrollado es el oído, pero, por el contrario, apenas si les sirve para algo el olfato y el gusto.

Su promedio de vida es de 10 años, aunque hay especies, como el cuervo, que llegan a vivir más de 60 años.

Disponen de un sistema para comunicarse entre ellos mediante movimientos y actitudes corporales. Las expresiones vocales le sirven para intentar el apareamiento, delimitar su territorio o pedir ayuda.

Su canto puede ser mejorado haciéndoles oír determinados sonidos. Por tanto, se puede considerar que aprenden a cantar.

Las aves migratorias lo hacen no solamente para buscar comida a lugares más cálidos, ya que parece ser que emigrar es algo adquirido genéticamente como una necesidad de cambio. Algunas llegan a recorrer diez mil kilómetros y lo hacen a alturas aproximadas de 100 metros, aunque es frecuente que efectúen vuelos hasta los 3 kilómetros de altura. No se sabe con certeza el mecanismo por el cual logran orientarse, pero no depende de su vista. Parece ser que están dotadas de una brújula o compás solar y un sentido del tiempo que les lleva sin problemas a su destino. También hay quien asegura que el secreto está en el olfato, otros que está en su forma de captar la luz ultravioleta, y algunos que se debe a las diferencias de presión atmosférica.

ANATOMÍA Y FISIOLOGÍA

La más antigua de las aves es el archacopterix, que en griego significa, "la antigua", un ejemplar que poseía plumas y escamas, y cuya actividad la desarrollaba tanto en el aire como en la tierra. Las plumas estaban ubicadas en la parte posterior de sus miembros anteriores, los cuales terminaban en tres dedos que cumplía distintas misiones como el apresar, desgarrar y agarrarse a los árboles. Cuando se desplazaba en la tierra actuaba como un bípedo, utilizando sus extremidades posteriores. Entonces aún no poseía pico, sino mandíbulas, provista de dientes muy afilados, aptos para desgarrar a sus presas. Su larga cola, estaba conformada por veintiuna vértebras que servían en vuelo como estabilizador.

A final de la era mesozoica estas aves evolucionaron y con el tiempo transformaron sus mandíbulas en pico, las extremidades anteriores en ala, y la cola desapareció, quedando en su lugar una serie de plumas, tomando poco a poco las características actuales.

A fines de 1977 se encontró en China un dinosaurio emplumado, con una antigüedad de 120 millones de años, de pequeño tamaño, carnívoro y con gran agilidad. Se observó que tenía plumones en el cuello y a lo largo de la columna vertebral, por lo que sus descubridores lo llamaron Sinosauroterix, que traducido significa: "reptil con alas de China".

Un descubrimiento muy reciente dio a conocer la existencia de tres fósiles de dinosaurios de 140 millones de años de antigüedad que poseían plumas, con un tamaño similar al de un pavo, y con una estructura física que lo hacían apto para volar, al que llamaron Archacoraptor. Entonces hubo numerosas voces que aseguraron que "con estos hallazgos, se puede afirmar que las aves son indiscutibles descendientes de los dinosaurios".

Ahora, cuando hablamos de aves nos referimos a cualquier miembro de una de las clases de vertebrados que incluye animales con plumas en estado adulto, aunque algunos tipos como el pelícano, el martín pescador, el pájaro carpintero y el arrendajo, están completamente desnudos cuando salen del huevo. No obstante, por definición, el término pájaro se aplica a cualquier ave con capacidad para volar y de pequeño tamaño.

Características generales

Las aves comparten ciertos rasgos con los mamíferos, como ser animales de sangre caliente y tener un corazón de cuatro cámaras. Sin embargo, se diferencian de éstos en que evolucionaron de los dinosaurios mucho tiempo después de que se separaran los grupos de reptiles y mamíferos. Como la mayoría de los reptiles y algunos mamíferos primitivos, se desarrollan a partir de embriones localizados en huevos que están fuera del cuerpo materno. Estos huevos tienen cáscaras duras, son muy fuertes en los de las especies grandes y bastante frágiles en las de pequeño tamaño, siendo esta característica lo que les diferencia de los huevos de los reptiles.

La mayoría de las aves puede volar y descienden de antepasados que podían hacerlo, aunque hay especies, ya extinguidas, que no eran voladoras. Además, el cuerpo de las aves está modificado para aumentar la eficacia del vuelo, y podemos ver que los huesos de los dedos y las articulaciones de las patas delanteras están fusionados formando un soporte rígido para las grandes plumas de las alas. También existe fusión ósea en el cráneo y en la cintura pelviana, pues así se obtiene una mayor resistencia y ligereza. En las aves adultas muchos de los huesos están huecos, carecen de médula y están conectados con un sistema de sacos o bolsas aéreos dispersos por todo el cuerpo. El esternón, o hueso del pecho, de la mayoría de ellas es grande y tiene una quilla o cresta central llamada carina, soportando algunos de los principales músculos utilizados en el vuelo. En las aves de la subclase Ratites -como el avestruz, el kiwi y afines- que han perdido la capacidad de volar, el esternón tiene un tamaño más reducido y la carina se ha perdido.

Las mandíbulas de las aves actuales se alargan como picos sin dientes y están cubiertas con una capa córnea llamada la ranfoteca. En la mayoría de las especies es dura, pero también puede ser correosa, como en los andarríos y en los patos. La ausencia de dientes reduce el peso del cráneo.

Las aves no tienen glándulas sudoríferas y no pueden enfriar su cuerpo por transpiración, por eso, durante el vuelo, el calor se dispersa con el paso del aire a través de su sistema de sacos aéreos y, cuando están en reposo, jadeando.

Una técnica de supervivencia durante el invierno, muy común en los mamíferos, pero rara en las aves, es la disminución del ritmo de los procesos fisiológicos. Esto incluye la reducción de la temperatura corporal y, en los casos extremos, la hibernación, algo que durante mucho tiempo no se admitió. Sin embargo, las últimas investigaciones demuestran que diversas especies de chotacabras, vencejos y colibríes del desierto o de áreas de alta montaña, donde las noches de invierno son muy frías, pueden entrar en un estado de letargo, similar a la hibernación, para conservar energía.

La mayoría de las especies de aves actuales, u otras muy parecidas, evolucionaron durante el pleistoceno. Algunas desaparecieron por completo, posiblemente debido a las rigurosas fluctuaciones climáticas originadas por el avance y el retroceso de los grandes glaciares que adquirieron el nombre de periodos glaciales. Desde el inicio de la historia escrita, de las casi 10.000 especies de aves conocidas hasta entonces han desaparecido, al menos, 75. La mayoría han sido exterminadas por los seres humanos, o por lo animales que éstos han introducido en todo el mundo; o bien se han extinguido debido a que la actividad humana ha alterado de forma drástica el medio, de modo que las aves no pudieron sobrevivir. Desde la segunda mitad del siglo XX, la deforestación de bosques, el drenaje de pantanos y marismas y la destrucción de otros hábitats han sido tan frecuentes (en especial en los trópicos), que resulta imposible calcular cuántas especies de aves se han perdido.

Clasificación

La clasificación de las aves es discutible incluso entre los expertos. En general, la asociación de las especies emparentadas no entraña dificultades, pero a escalas superiores las relaciones filogenéticas son cada vez más imprecisas. Se discute sobre la relación que existe entre los diferentes órdenes de aves actuales, y entre éstos y los descubiertos a través de los fósiles. La polémica se agudiza cuando se encuentran fósiles nuevos o se desarrollan técnicas distintas para el estudio de las aves. Las primeras clasificaciones se basaron por completo en la anatomía, pero en la actualidad se están revelando con la ayuda de los datos obtenidos en campos como la bioquímica, la genética y la conducta comparada. Del mismo modo, las características anatómicas se están revisando en un esfuerzo por determinar cuáles son más primitivas y cuáles más evolucionadas.

Distribución

Las aves habitan en todos los continentes y en casi todas las islas del mundo y están adaptadas a todos los hábitats ecológicos. Varias especies viven en desiertos estériles en apariencia, en la Antártida, en las junglas, encima de la línea de la vegetación en las altas montañas, en pantanos y marismas, en las costas rocosas, en los bosques y campos y en las ciudades.

Aunque la mayoría de las aves son móviles debido a su capacidad para volar, las diferentes especies tienen una determinada distribución geográfica que puede abarcar desde varios continentes hasta una única isla de pequeño tamaño. Dos de las especies más ampliamente distribuidas son el halcón peregrino y la lechuza común, cuyos nidos se han encontrado en todos los continentes, excepto en la Antártida. A veces, una familia entera de aves tiene una distribución limitada, y así ocurre con algunas que sólo se localizan en Sudamérica, África o Australia. Otras cinco están confinadas en la gran isla de Madagascar, en el océano Índico y cuatro más, entre ellas los desaparecidos moas, se conocen sólo en Nueva Zelanda. Sólo una familia está restringida a Asia (incluyendo las islas adyacentes al sur y al oeste) mientras que no existen familias exclusivas de Europa y Norteamérica, aunque suele concederse la categoría de familia a los pavos (dos especies de las zonas templadas y tropicales de Norteamérica), en lugar de considerarles una subdivisión de la familia de los faisanes.

Adaptaciones

En general, todas las aves comparten un esquema corporal similar, aunque existen variaciones en el tamaño y las proporciones. Las modificaciones para adaptarse a los diferentes tipos de vida están relacionadas con las distintas facetas de la supervivencia: búsqueda y captura de alimentos, evasión de los enemigos y protección de los huevos y crías.

Las aves de mayor tamaño se encuentran entre el grupo que forman la subclase Ratites, las cuales han perdido la capacidad de volar y poseen unas extremidades posteriores potentes para correr. La mayor de todas ellas es el **avestruz**, que se aproxima a los 2,5 m de altura y 167 kg de peso. Las más pequeñas son los **colibríes** del hemisferio occidental, entre los que destaca el diminuto colibrí abeja de Cuba. Este pájaro mide solamente 3 cm desde la punta del pico hasta la punta de la cola, y posee la extraña habilidad de volar hacia atrás (retroceden desde las flores de cuyo néctar se han estado alimentando), realizando verdaderas acrobacias aéreas. Sin embargo, sus patas traseras y sus pies son demasiado débiles para caminar o saltar y siempre deben volar de una posición a la siguiente.

Muchas aves persiguen a sus presas buceando, pero ninguna está tan adaptada para esta tarea como el **pingüino**. Sus alas se han modificado de un modo total y se han convertido en unas aletas rígidas como remos, parecidas a las de una marsopa. Los pingüinos, que son torpes en la tierra, utilizan sus alas para bucear con tanta eficacia como otros pájaros lo hacen para volar. La mayoría de las especies de aves buceadoras -como colimbos, somormujos y zampullines, cormoranes y algunos patos- se impulsan con sus potentes pies, aunque algunos utilizan sus alas para equilibrarse.

El orden Tubinares o 'nariz en forma de tubo' de **aves acuáticas** se compone sólo de especies marinas: los albatros, los petreles y las pardelas. Anidan en tierra, normalmente en islas, aunque pasan la mayor parte del año en el mar, donde se alimentan de peces e invertebrados. En este grupo de aves hay mayor diversidad de tamaño que en cualquier otro orden. Incluye desde los petreles de las tempestades, que tienen el tamaño de un gorrión, hasta los albatros viajeros, que son los pájaros marinos más grandes, con una envergadura de alas que supera los tres metros y medio.

El grupo conocido como **aves rapaces** o de presa incluye el orden de los búhos, que son cazadores nocturnos, y un orden de cazadores diurnos al que pertenecen los gavilanes, las águilas, los halcones y los buitres carroñeros. Todos son comedores de carne (excepto un buitre africano que se alimenta de nueces de palma), aunque en las especies de menor tamaño, la 'carne' consista en insectos e incluso algunos se alimenten sólo de peces. Estas aves están dotadas de picos potentes y afilados y, excepto los buitres, tienen las patas traseras adaptadas para agarrar, ya que acaban en unas zarpas o garras curvas y cortantes.

Diversas familias de aves se han adaptado a una alimentación basada en insectos voladores y han desarrollado unas alas largas y una boca de abertura amplia (aunque con frecuencia tienen picos pequeños). Los más evolucionados son los **vencejos**, pertenecientes al orden de los Apodiformes, que significa 'sin pies'. Estos pájaros tienen unos pies tan diminutos que son incapaces de posarse como lo hacen los colibríes y sólo pueden aferrarse a las superficies verticales. Aunque no están estrechamente relacionados, los vencejos se parecen a las golondrinas. Estas últimas son pájaros cantores paseriformes (capaces de posarse).

Los **pájaros carpinteros** golpean los árboles no sólo para excavar los huecos para sus nidos, sino también para comunicarse entre sí por medio de un tamborileo. Poseen cráneos muy gruesos y un sistema para amortiguar los golpes en los músculos de su cuello y tórax.

Plumaje

El plumaje o el conjunto de las plumas de las aves desempeñan diversos papeles. Los de colores intensos, que a veces presentan plumas ornamentales, son importantes en las exhibiciones de cortejo para atraer a la pareja. De igual modo, los machos lo exhiben para tratar de intimidar a otros que compitan por las hembras o por el territorio.

Algunas aves están camufladas y se asemejan a su entorno para escapar de la atención de los posibles depredadores. A veces adoptan una postura que intensifica la coloración protectora. Las garzas que viven en los pantanos, llamadas avetoros, se inmovilizan con sus cuellos rayados y sus picos largos apuntando en línea recta hacia arriba, con lo que acentúan su semejanza con los juncos circundantes. Las lechuzas tienen un plumaje similar a la corteza de un árbol. Además, suelen cerrar sus grandes ojos y estirarse tanto que pueden pasar por una rama achaparrada rota. En muchas especies de aves, como en la mayoría de los patos y los faisanes, los machos adultos tienen colores brillantes, mientras que las hembras y las crías, más vulnerables, se confunden con el fondo. Otras especies, entre las que destacan los chorlitos, tienen un patrón de camuflaje que contrasta de forma brusca con el entorno. Esto hace que, cuando el ave está parada, se difumine su perfil y sea difícil de reconocer (es el mismo principio utilizado por las cebras).

Las plumas protegen a todas las aves contra el frío, ya que el aire que actúa como aislante queda atrapado entre ellas. Las especies que deben soportar inviernos especialmente duros generalmente tienen un plumaje más denso que sus parientes de climas más uniformes. Las excelentes propiedades aislantes del plumón, en especial el de patos y gansos, lo hacen un material apreciado para la elaboración de prendas de abrigo, edredones y sacos de dormir. La mayoría de las aves adultas mudan, es decir, pierden y reemplazan todas sus plumas, al menos una vez al año. Sin embargo, en algunas aves de gran tamaño, como águilas y grullas, la muda de las plumas de vuelo de las alas puede prolongarse hasta dos años.

Sentidos

La mayoría de las aves tienen **ojos** relativamente grandes, en especial, aquellos que son activos a la luz débil del alba y del atardecer, o los que viven en la profundidad de los bosques. Al igual que los seres humanos, las aves pueden percibir los colores. Esto se deduce tras observar el importante papel que el color del plumaje desempeña en sus vidas. Con unas pocas excepciones, los ojos de las aves se localizan a los lados de la cabeza y no en su parte delantera. Por esta razón, tienen una percepción pobre de la profundidad, aunque pueden ver un porcentaje mayor de su entorno sin girar la cabeza. Los ojos de los búhos están situados en el plano frontal de ésta, pero no pueden moverse en sus órbitas y, para mirar hacia los lados, el animal tiene que dirigir la cara hacia el objeto que le interesa; incluso estas aves necesitan un poco de luz para poder ver. Los que cazan en una semi o total oscuridad, por ejemplo, en cuevas o edificios viejos, utilizan el oído más que la vista.

Como para los búhos, el **oído** es un sentido esencial para la mayoría de las aves. Se comunican entre sí de diferentes maneras a través de voces y suelen reconocer a su pareja y a sus crías por el sonido más que por la vista. La mayoría de las aves oyen una escala de sonidos parecida a la que percibe el oído humano, sin embargo, algunas especies de pequeño tamaño no oyen los sonidos graves, pero pueden detectar frecuencias más altas. Por el contrario, los grandes búhos y algunas otras especies pueden oír notas demasiado graves para la escala de audición humana.

Muchos murciélagos poseen un sistema de percepción de sonidos que les permiten maniobrar con la localización del eco. Chasquean sonidos que rebotan en las paredes y cuando éstos regresan hasta el oído del animal, un sistema cerebral parecido a un radar les indica la dirección y la distancia del obstáculo. Esta cualidad no se ha encontrado en ningún otro grupo de aves.

El sentido del **olfato** está muy desarrollado sólo en determinadas especies de aves para las cuales es muy importante. En la familia de los buitres americanos sólo el buitre pavo y el buitre rey tienen unos órganos olfatorios bien desarrollados. El olfato y la vista les sirven para localizar animales muertos de los que se alimentan. Tanto el buitre negro, como su pariente el cóndor, y el buitre eurasiático (que aunque no está relacionado con los anteriores es similar desde el punto de vista ecológico), tienen el olfato poco desarrollado. Los petreles, albatros y pardelas tienen un olor fuerte y oleaginoso, por lo que no es de sorprender que su olfato sea importante. Los indicadores, aves que se encuentran en África y Asia, son de tamaño pequeño y están algo relacionadas con los pájaros carpinteros. Se alimentan de las larvas de las abejas y de su cera y localizan las colmenas por el olfato. Los kiwis, las aves del grupo de las Ratites de menor tamaño, son casi ciegos y también localizan su alimento (gusanos y otros invertebrados) a través del olfato. Se caracterizan por tener las ventanas de la nariz en la punta del pico.

Se sabe poco acerca del sentido del **gusto** en las aves, aunque los experimentos realizados con pollos y palomas domésticas muestran que tienen preferencia por determinados sabores. Sin embargo, a diferencia de los mamíferos, las aves tienen pocas papilas gustativas en la lengua.

Aunque se ha estudiado poco, se sabe que las aves tienen sentido del **tacto** y que sus ojos son muy sensibles a él. Cuando se toca el globo ocular de un ave se despliega un tercer párpado llamado membrana nictitante, que recorre la superficie ocular limpiándola de partículas de suciedad y de restos de comida. Esta membrana es transparente en parte y cubre los ojos de las aves nadadoras o buceadoras cuando están bajo el agua.

Las aves tienen un magnífico sentido del **equilibrio** y pueden percibir pequeñas vibraciones. Esto es vital tanto para mantenerse posados en lugares inestables como para corregir las corrientes de viento y aire cuando están volando.

Ciclo vital

El ciclo vital de las aves está estrechamente relacionado con las estaciones. En las zonas árticas y templadas de los dos hemisferios, norte y sur, existen cuatro estaciones anuales: primavera, verano, otoño e invierno, pero en muchas regiones tropicales y subtropicales, sólo existen dos: la lluviosa y la seca (o, incluso, dos de cada por año). La llegada de las lluvias afecta a las aves de diversas formas, pues aparece la vegetación nueva que algunos utilizan para construir sus nidos y se incrementan las poblaciones de insectos. Se forman también lagos temporales y charcas que rebosan de plantas y animales que les sirven de alimento, aunque para algunas especies la estación seca es más favorable para anidar y alimentar a sus crías. Ciertas aves acuáticas tropicales construyen sus nidos en las islas arenosas que sólo emergen cuando desciende el nivel del agua de los grandes ríos, como el Amazonas.

EL CUIDADO DE LAS AVES

Los pájaros son gregarios y necesitan relacionarse con sus semejantes, pero si no dispone de otro ejemplar similar, al menos háblele y dedíquele algunos minutos todos los días.

También necesitan sus propios juguetes que les distraigan y para ello les servirá cualquier palo, columpio o bolas. La música también les sirve de entretenimiento.

El nido

La mayoría de las aves incuban o crían durante los meses de abril y julio. Los nidos los construyen habitualmente en árboles, cuevas, edificios o paredes rocosas, aunque hay especies que prefieren hacerlos en el agua o el suelo. La puesta coincide cuando terminan el nido y generalmente salen de cuatro a siete huevos, aunque las especies mayores se limitan a poner dos y otras hasta diez.

Hay polluelos que salen del cascarón cubiertos de plumón, lo que les faculta para abandonar el lugar en pocas horas, mientras que aquellos que nacen con la piel lisa permanecen algunas semanas.

Polluelos abandonados

Si usted se encuentra un nido deberá dejarlo tal y como está, no cogiendo a ninguno de los polluelos por muy desvalidos que los vea. Solamente si está seguro de que están abandonados y sumamente desnutridos, podrá llevárselo y tratar de alimentarlo. Una vez que le vea recuperado, aunque sea parcialmente, déjelo de nuevo en un lugar cercano a donde le encontró.

Pero supongamos que ha decidido coger el polluelo y que quiere cuidarlo con eficacia. Póngalo en una caja de cartón o de madera cubierta de arena. Normalmente no podrán volar todavía, pero si teme que se escape o que intente salir, puede poner una rejilla de malla fina. Si lo ha recogido en invierno tendrá que proporcionarle calor y una simple bombilla será suficiente, evitando especialmente que la pueda tocar. La temperatura ideal debe estar cerca de los 35° para los pájaros sin plumas.

Si el polluelo es muy pequeño y carece de plumaje, será conveniente que el suelo de la caja contenga paja y hojas secas, evitando cualquier material que se pueda enredar en sus patas o cuello. Cuando observe que está recuperado, pero tenga miedo de que aún no sea hábil para sobrevivir, puede cambiarlo a una jaula.

Cuidados sanitarios

Ya sabe que lo mejor para los pájaros es la libertad y que ninguna jaula les puede suplir su necesidad de volar y ser libres. Si usted ha encontrado un pájaro enfermo y sabe que dejarlo en esas condiciones supondrá su muerte, lo deberá recoger para tratar de curarlo antes de que algún desaprensivo lo aplaste.

Lo esencial es la delicadeza al manipularlo y no atemorizarlo aún más de lo que esté. Llévelo a su casa y deposítelo en un lugar mullido y caliente, tapándolo parcialmente para que no reciba mucha luz. Si el animal es grande y tiene miedo que le pique, póngase unos guantes o agárrele por el cuello sin apretar.

Tenga cuidado con las aves muy grandes o las depredadoras. Ya sabe que le pueden atacar para intentar liberarse y que en ocasiones se hacen las heridas en espera de su oportunidad. Si no sabe manejarla llévela a una clínica veterinaria cuanto antes.

Una vez que ha conseguido que se tranquilice algo puede intentar alimentarla ofreciéndole comida o abriéndole suavemente el pico. También debe observar si está herida, especialmente en las alas. No trate de extenderlas si no conoce bien su anatomía, pero puede colocarlas correctamente si las observa torcidas. Si considera que están dañadas deberá envolverlas al cuerpo con una venda de gasas, así evitará que se siga dañando al intentar huir. Normalmente las alas cicatrizan en dos semanas.

Las patas fracturadas son también otra de las lesiones habituales y lo primero es tratar de poner a cada hueso en su sitio, evitando especialmente las manipulaciones dolorosas. Después, realice un vendaje suave o incluso emplee alguna tablilla adecuada para mantenerla sujeta.

Recuerde:

Aunque el pájaro no pueda llorar o gritar también siente el mismo dolor que los demás animales. Manipúlele con un cuidado exquisito y si tiene que lavarle sus heridas hágalo con agua tibia, sin frotar y desinféctelo con una infusión de tomillo o manzanilla.

Mas cosas para cuidar a sus pájaros:

- Tiene que proporcionarle una jaula grande, donde tenga oportunidad para desplegar sus alas. Es mejor que sea más larga y ancha que alta y procure que no pueda meter su cabeza por entre los barrotes.
- Proporciónele la comida siempre a la misma hora.

- Déjeles dormir entre nueve y doce horas al día.
- Póngales al sol todos los días. Si ello no es posible tiene que ponerles una bombilla especial sustitutiva.
- El baño también debe ser diario. Deberá averiguar cómo le gusta a su pájaro ducharse, mediante un plato o acurrucándose junto a una planta húmeda.
- Déjele volar libremente por la habitación en ocasiones, pero tape los cristales para que no se golpee contra ellos intentando salir. No obstante, y puesto que luego tendrá que llevarlo de nuevo a la jaula, posiblemente esa sea una labor poco recomendable.
- La música les gusta de manera especial. Si tiene que dejarle solo con frecuencia programe su aparato de radio para que se conecte al menos durante media hora. Eso les hace soportar mejor la soledad.
- Si le encuentra triste búsquele un compañero.
- Que no le falte agua dos veces al día.
- Déle con frecuencia suplementos vitamínicos.
- Ofrézcale de vez en cuando carne picada o algo de embutido. También un trozo de manzana o lechuga.

Precauciones:

- No permita que nadie fume donde esté el pájaro.
- No emplee perfumes ni ambientadores fuertes.
- No use sprays de ningún tipo en su presencia.
- No le tenga en la cocina cuando cocine.

- Cuando mudan, y algunos lo hacen dos veces al año, dejarán de cantar y estarán más expuestos a las enfermedades. En esos momentos colóquelo en un lugar tranquilo y caliente, evitando las corrientes de aire.
- No les arranque las plumas con la mano, aunque puede intentarlo con suavidad cuando haya Luna nueva.

Usted debe saber:

- Colocar unas ramitas de espliego ayuda a efectuar la muda del plumaje. Si, aún así, tienen dificultad para ello puede ayudarles frotándole debajo de las alas con su mano.
- Si ha cogido frío póngale entre sus manos durante diez minutos para que entre en calor. Después ofrézcale cañamones.
- Si tiene que entablillar una pata manténgala así durante 15 días.
- Ojo con los callos que se pueden formar en sus patas. Les suelen doler mucho y se ponen tristes por ello. Puede intentar suavizarlos sumergiéndole las patas en vinagre durante diez minutos. Luego los intentará quitar con delicadeza, poniéndole algo de aceite de oliva para suavizarle. Esta operación la deberá repetir al menos durante cuatro días.
- A los pájaros hay que hablarles con dulzura, lo mismo que a un niño.
- Si quiere que coma de su mano muéstrele la comida mientras dice palabras suaves. Todos sus movimientos deberá efectuarlos muy lentamente. Es posible que los primeros días le pique en su mano en lugar de comer. Usted

sabe que no pretende hacerle daño, pero el animal no lo interpreta así.

- Si quiere que se pose en su mano muéstresela con la palma hacia abajo y los dedos juntos, mientras le habla con cariño.

Los enemigos de las aves

Aparte de los seres humanos, también deberá controlar los ataques de los gatos, urracas, gavilanes y cornejas, entre otros depredadores.

Respecto a los gatos son especialmente peligrosos en los domicilios, puesto que si están en el campo buscan otros animales más fáciles de cazar. Tiene que situar los bebederos y comederos en lugares inaccesibles a los gatos, preferentemente en lugares al descubierto en donde su presencia será fácilmente detectada. Todo abrevadero situado a más de metro y medio del suelo es casi seguro contra los gatos. Respecto a los nidos, deberá poner algo de alambre de espinos en el tronco de los árboles o poniendo productos que huelen muy mal que podrá adquirir en las tiendas.

Las urracas gustan especialmente de comerse los huevos, por lo que el nido deberá estar en un lugar frondoso y oculto a la vista. Los gavilanes atacan a los pájaros, lo mismo que los cernícalos. Hay quien pone una bombilla cerca del comedero o un espantapájaros elaborado con varios colores o tiras reflectantes.

Las palomas

Para muchos son animales entrañables, tanto por su dulzura, su facilidad para estar juntos a los humanos y comer de su mano, como por el simbolismo de paz que reflejan. Pero para otros suponen en ocasiones un problema por su proliferación y la abundancia de sus excrementos, existiendo campañas en muchas ciudades pidiendo su exterminación.

La paloma asilvestrada es la que causa ya algunos problemas serios en los edificios, mientras que las bravías las encontramos en los acantilados y las formaciones rocosas. Y en medio de ellas están las domésticas, con su gran variedad en cuanto a plumaje y también en cuanto a comportamiento.

Características:

Viven en comunidad y suelen buscar el alimento juntas.

No tienen ya casi enemigos naturales en las ciudades, salvo el ser humano.

Si no se las cuida adecuadamente su hábitat puede ser nido de garrapatas, chinches, ácaros y propagar la ornitosis y la fiebre tifoidea.

Sus excrementos son altamente corrosivos y pueden atacar incluso la solidez de las piedras.

Como cualquier otra especie, está totalmente prohibido cazarlas o matarlas fuera de los lugares y épocas permitidas por la ley.

Los patos

De nuevo, son los animales asilvestrados los que causan los problemas a los seres humanos, y contra los cuales se alzan las voces pidiendo su exterminación. Pero para nosotros, los habitantes de las ciudades, los patos son aves simpáticas, vivaces y tan habituales en nuestros jardines y parques que no comprendemos un estanque sin ellos.

Los patos consumen esporádicamente pescado, prefiriendo las espigas de agua, los brotes de junco y una gran variedad de plantas cercanas a las riberas de los lagos y ríos. Ellos logran mantener el equilibrio vegetal que crece espontáneo alrededor de los embalses y lagos, evitando la formación excesiva de algas que dificultan el crecimiento de especies vegetales útiles.

Pero mientras el **cisne** sigue gozando de una gran simpatía y logra sobrevivir gracias a que con su largo cuello puede buscar comida a gran profundidad, la focha común, a quien se confunde con una gallinácea (en realidad es una rálida), es un ave a quien todo el mundo quiere exterminar y la mejor manera es mediante la caza indiscriminada. Sin embargo y si se escucharan las voces autorizadas de los expertos, nos dirían que la focha es esencial para el ciclo de regeneración del oxígeno del agua de los pantanos y embalses, y no un animal que se come toda la vegetación útil.

Y respecto a las **gaviotas** el problema es similar, pues los pescadores se quejan de que les comen los peces y les espantan los bancos con su presencia. Pero ahora sabemos que estos animales no gustan de comer peces y prefieren ingerir plantas, escarabajos, mosquitos y otros insectos, por lo que se demuestra que su presencia sirve para mantener limpia las zonas acotadas por los hombres. Su apetito especial por las lombrices de tierra contribuye a eliminar precisamente las mutiladas por los tractores y máquinas de arar, puesto que no pueden horadar la tierra para buscar las vivas. Tampoco podemos olvidar su presencia masiva en los vertederos de basuras, en donde limpian la superficie de las basuras de alimentos y pequeños animales.

Protejamos a las aves; no las matemos

Hay demasiadas aves en el mundo y pocas zonas naturales protegidas para albergarlas. Las aves necesitan bosques húmedos, praderas fértiles, cañaverales y lagos sin contaminar. No son animales para vivir cercanas al ser humano, pero frecuentemente se ven en la necesidad de acudir a nuestras ciudades y pueblos para encontrar comida. Actualmente, sólo el 1% del territorio mundial está protegido, cifra muy lejana a ese 10% que se reclama como imprescindible para que el ecosistema se mantenga como hace siglos.

APAREAMIENTO Y NIDIFICACIÓN

Suelen ser pocas aves las que permanecen con la misma pareja a lo largo del año e incluso, aunque una pareja pueda unirse varios años, la relación entre los miembros o la unión de pareja debe renovarse o reforzarse al comienzo de cada época de reproducción. Esto se lleva a cabo con exhibiciones visuales, auditivas o de ambos tipos. Algunas exhibiciones visuales de cortejo son complicadas y, como ocurre en las garzas, se utilizan plumas especializadas. En otras especies, como los patos, la unión de pareja se establece siguiendo una serie de movimientos muy estereotipada y si uno de los dos miembros no responde con la demostración correcta, la secuencia se rompe. Entre las exhibiciones auditivas está el 'canto a dúo' que llevan a cabo varias familias de aves, como los chochines y los pícidos, entre los que se encuentra el pájaro carpintero. Las llamadas de machos y hembras se alternan en una sucesión tan exacta, que podría parecer que la fuente del sonido es una única ave. En algunas especies no existe una verdadera relación de pareja y los machos se exhiben entre ellos compitiendo por el derecho a emparejarse con tantas hembras como sea posible. Esta reunión de machos se produce en las aves del paraíso, en los pavos reales salvajes, en algunos correlimos, en algunos lagópodos y en una familia de pájaros tropicales de pequeño tamaño llamados manaquines.

Las aves ponen sus huevos en sitios tan variados como el suelo desnudo o nidos muy elaborados y el número de huevos por nido varía según las especies, entre uno y una docena o más. Los nidos se construyen con una gran variedad de materiales fáciles de conseguir: hierba, ramitas, cortezas, líquenes, fibras vegetales, hojas, pelos de mamíferos, telas de arañas, lodo, algas marinas, conchas marinas, guijarros e, incluso, saliva de los propios pájaros. También pueden usar objetos como trocitos de papel, plástico y cuerdas.

Muchas aves despluman la parte de su abdomen que se alinea con el nido, de modo que el trozo de piel expuesta (llamada parche de la nidada) ayuda a calentar los huevos. En la mayoría de las especies los progenitores se turnan para incubar los huevos o lo hace sólo la hembra. Sin embargo, en algunas especies los papeles que desempeñan los dos sexos se invierten y tanto la incubación de los huevos como la alimentación de las crías corren a cargo de los machos. En estas aves, también al contrario de lo normal, la hembra suele ser más grande y su plumaje tiene unos colores más intensos que el del macho.

Vida de familia y supervivencia

Cuando salen del huevo, las crías de las aves se clasifican en dos categorías generales: altricial y precoz. Las crías altriciales rompen el cascarón ciegas y desnudas o cubiertas con un plumaje velloso y poco denso. No pueden sostenerse y dependen por completo de sus progenitores. Las crías precoces salen del huevo con los ojos abiertos, están cubiertas con un plumón denso y en pocos días pueden caminar, moverse y encontrar parte de su propio alimento. También existen condiciones intermedias.

Todas las aves canoras y sus parientes próximos tienen crías altriciales, al igual que otras aves como el pájaro carpintero, el martín pescador, los vencejos y los pelícanos. Entre las crías más precoces están las de los pavos, los faisanes, las codornices, las aves de corral, los ánsares, los patos y los cisnes y entre las formas intermedias están las crías de las aves de presa y las del orden de los Tubinares. Las crías de las gaviotas y de las golondrinas de mar salen del huevo con plumón y los ojos abiertos y pueden moverse en uno o dos días, aunque, durante varias semanas, dependen de sus progenitores para alimentarse.

En la mayoría de las aves, la familia se desintegra tan pronto como las crías son capaces de alimentarse por sí mismas y, entonces, siguen su propio camino. En algunas especies de gran tamaño, como los cisnes o las grullas, las familias pueden emigrar y permanecer juntas durante todo el invierno. Estudios recientes indican que en varias especies de diferentes órdenes las crías pueden permanecer con sus progenitores de uno a tres años, ayudándolos a alimentar y cuidar a las crías de los años sucesivos antes de marcharse a buscar pareja.

En una población estable los nacimientos y las muertes deben estar equilibrados. La mortalidad es siempre más alta entre las crías, de manera que los adultos deben originar un número mayor de descendientes del que sería necesario para reemplazarlos. Como en los mamíferos, la expectativa de vida en las aves se correlaciona con el tamaño y, por ejemplo, las aves canoras de pequeño tamaño pueden vivir hasta doce años o más. También las aves marinas pequeñas, como las golondrinas de mar, tienden a tener una vida prolongada y su actividad reproductora puede durar más de veinte años. Sin embargo, la longevidad en las aves salvajes casi nunca se equipara a la de los cautivos, protegidos contra las enfermedades y la depredación. En los zoológicos, entre las aves de vida más larga se encuentran los loros y las grandes aves acuáticas y rapaces.

LA MUDA

Es el proceso consistente en la sustitución del plumaje más antiguo y deteriorado por otro nuevo y en mejores condiciones. El periodo de muda lleva consigo un desgaste que tendremos que suplir con una dieta más rica en grasas, proteínas, hidratos de carbono vitaminas y calcio, para que este proceso no debilite en demasía al animal y no le haga, así, más vulnerable a la enfermedad.

La muda puede ser gradual (se realizará de una manera tan progresiva que en algunas ocasiones que no nos damos prácticamente cuenta de que esta se ha producido) o rápida. En el hemisferio norte las aves suelen mudar entre julio y septiembre, coincidiendo con los meses de mejor tiempo, pero puesto que estamos hablando de animales de "compañía" que pueden estar viviendo en un ambiente en condiciones controladas, el periodo de muda no está atado a unas fechas muy marcadas.

Si nos encontramos con un pájaro en el que observamos dificultades para deshacerse de las plumas o simplemente queremos facilitar la muda y hacerla más rápida, podemos optar por una serie de medidas o trucos. La humedad ambiente y del plumaje favorece que el ave se atuse y acicale con más frecuencia ayudando a quitar las plumas muertas y acelerando el proceso. La manera más factible de humedecer el plumaje del pájaro es rociando con un atomizador dos veces por semana durante la muda el cuerpo del animal. El proporcionarle una cubeta de baño es una opción a tener en cuenta para que el pájaro se bañe y así mejore su capacidad de mudar. En la naturaleza la forma más usual de humedecer el plumaje es aguantando un chaparrón, que aunque nos parezca mentira, encanta a nuestras aves. Por ello, siempre y cuando la temperatura sea buena podremos sacar a los pájaros al exterior durante la lluvia para su deleite, siempre que tengamos en cuenta proteger un tercio de la jaula donde les saquemos para que se resguarden en el caso de que se harten de tanta lluvia o tengan frío. Otra forma que utilizan las aves en la naturaleza para humedecer el plumaje y que podemos reproducir en cautividad, consiste en restregarse contra el follaje húmedo. Así que a nosotros nos será suficiente con colgar ramas de árboles no tóxicas y de hoja ancha empapadas previamente en agua para que nuestra mascota se restriegue cuando quiera humedecer su plumaje. Todas estas medidas facilitarán de manera notable la muda de nuestros pájaros haciéndola más sencilla y más corta para ellos y para nosotros.

Es normal asustarse cuando por primera vez observamos que nuestra ave comienza a perder su plumaje y no debemos entender de inmediato que se trata de alguna enfermedad, ya que puede ser debido a que el ave ha entrado en su periodo de muda. La súbita pérdida de plumas por parte de una nueva ave no debe ser motivo de alarma, de hecho, existen algunos pájaros como los halcones que mudan su plumaje una vez al año, desapareciendo todas las plumas de vuelo que son sustituidas por otras nuevas. Debemos ser conscientes de que no todas las aves mudan por igual, algunas ni siquiera llegan a perder todo el plumaje antes de que comience a salir el nuevo, aunque lo más habitual es que la muda se realice en primavera o verano, época en la que los pájaros necesitan volar menos para poder encontrar la preciada comida.

Un ave puede pasar la muda en su percha o banco sin ningún problema si al hacerlo se encuentra en una habitación tranquila y apartada de distracciones, con lo cual el riesgo de que las plumas se rompan se minimiza. En estas cámaras de muda puede dejarse al ave sola durante todo ese periodo o bien acompañarle para darle de comer por lo menos dos veces al día; en principio esto último parece más adecuado ya que se mantiene siempre el contacto ave, al tiempo que también nos aseguraremos de que no olvide su entrenamiento.

La pérdida ocasional de una o varias plumas en un ave hogareña no suele llevar consigo grandes trastornos, pues no tardarán en ser sustituidas por otras nuevas. Por añadidura, el plumaje entero se renueva periódicamente, por lo cual permanece en buen estado durante toda la vida del animal. Cabe distinguir, y de hecho resulta clásico el hacerlo, dos tipos de muda en los pájaros, la muda fisiológica y la muda patológica

Muda fisiológica

Es esta una renovación anual parcial o total del plumaje que se inicia por motivos endocrinos y coinciden con los fuertes calores del verano. Llegado este momento, encontraremos en el suelo de la jaula numerosas plumitas coberteras y remeras, siendo la peor época para los aficionados pues estas plumas no tardan en extenderse al exterior de las jaulas.

Pero la muda no es ni mucho menos una enfermedad, sino simplemente un periodo en que la salud del pájaro resulta, como es natural, debilitada. La materia que forma el plumaje es en su mayor parte una escleroproteína llamada queratina y la gran cantidad de dicha sustancia que se necesita para la renovación trae consigo una perdida de reservas, sobre todo en el caso de que la alimentación no sea racional. Hay que hacer constar que la pérdida de vitalidad y la posibilidad de enfermar en este periodo varían con la edad y también con la naturaleza de cada pájaro. En la gran mayoría de los casos, el canto se interrumpe por completo o casi por completo mienta dura el replume, si bien algunos ejemplares particularmente vigorosos no dejan de emitirlo en forma, desde luego, mucho menos potente y continua. La muda puede resultar peligrosa para los pájaros viejos y por tanto poco resistentes, pero un pájaro en buena edad debe salvarla en poco tiempo y reponerse con prontitud, siempre que se le prodiguen los cuidados que a continuación indicaremos.

Cuidados especiales durante la muda

El ejercicio resulta sumamente saludable y hasta se podría decir indispensable, por lo que conviene por tanto alojar a los pájaros que están realizando el replume en espaciosas voladeras o al menos en jaulones de dimensiones holgadas.

Si en este periodo se encuentran varios pájaros compartiendo la misma jaula, sobre todo jóvenes, es preciso tener precaución para evitar que las frecuentes hemorragias que se producen al picarse unos a otros en las plumas en crecimiento, puedan tener malas consecuencias; tan pronto como se aprecie que un pájaro comienza a sangrar, se le apartará y se procederá a curarle.

Normalmente estas hemorragias son producidas por roturas de los cañones de las grandes plumas del ala y cola. Para curarlas se cortan apretando sobre el punto de fractura de la pluma un algodón bien empapado con agua oxigenada, y si esto no bastara con sumo cuidado se arrancará el resto del cañón. Una vez cortado el flujo de sangre, se lavará cuidadosamente con la misma agua oxigenada toda la parte del plumaje que hubiera quedado manchado para evitar que el mismo pájaro o algún compañero, vuelva a picarse incitado por la vista de la sangre. Se esperará unas horas, antes de devolver el accidentado a la bandada. Una solución igualmente radical es aplicar arcilla en polvo sobre la herida, la cual detendrá la hemorragia y evitará la infección.

Alimentación en la muda

La verdura es un elemento indispensable para los pájaros en replume por contener elementos indispensables para la formación del plumaje, tales como sales minerales, vitaminas, carotenoides, etc. Un complemento mineralizante a base de calcio y de hierro, resulta también de gran utilidad.

Es muy recomendable suministrar un complemento proteico, por ejemplo a base de huevo en cantidades moderadas, pues al estar formada la pluma en su mayor parte por queratina si no le proporcionáramos en la alimentación los aminoácidos necesarios para formarla habría de extraerlos de su propio organismo, enflaqueciendo notoriamente durante el replume.

Duración de la muda fisiológica
De 15 a 25 días

Muda patológica
Se entiende como tal toda aquella que se prolongue más de lo normal, o la que tiene lugar fuera del tiempo natural, que es el de los grandes calores del verano, una vez finalizada la temporada de la cría.

Causas de la muda patológica

Las glándulas de secreción interna que existen en los pájaros están relacionadas entre si a través de las hormonas que producen, las cuales guardan un equilibrio y constituyen todo un sistema de regulación a nivel del organismo. En ciertas épocas del año se produce una hiperactividad de estas glándulas, entrando en una etapa de febril actividad, fabricando hormonas que transportadas por la sangre estimulan los órganos de la reproducción, encontrándose así el pájaro en condiciones para la cría. Si, por el contrario, este sistema endocrino presenta una disminución o un desequilibrio en su función, el pájaro pierde vitalidad, deja de cantar y entra en muda. El replume se debe pues a un desequilibrio hormonal que puede ser producido por diversas causas, una de las cuales es el ambiente excesivamente caldeado que existe en muchos locales sometidos a una calefacción excesiva durante el invierno; un pájaro alojado en una habitación sometida a una calefacción intensa, está irremisiblemente abocado a la falsa muda invernal o muda patológica. Las consecuencias son desastrosas: el animal queda tan debilitado que aunque pase el periodo de calefacción artificial puede tardar largo tiempo en reponerse; naturalmente al llegar la época de cría no entrará en celo por lo menos en un principio, perdiéndose como mal menor las dos primeras nidadas de la temporada.

El desequilibrio hormonal a que antes aludíamos puede tener también otras causas diversas, tales como pequeñas infecciones de lento desarrollo, etc.

Prevención de este tipo de muda

1º Durante el invierno, evítense los locales caldeados en exceso de un modo artificial

2° Proporciónese a los animales una alimentación equilibrada y racional, en la que no falten elementos minerales y suficiente verdura; debe tenerse en cuenta que un desequilibrio alimenticio puede ser una de las causas de la aparición de la muda patológica

Forma de curarla

En general se tendrán los mismos cuidados que en el caso de una muda normal: máximo cuidado con las corrientes de aire, alimentación rica y racional, suministro de complejos vitamínicos, y una pequeña cantidad de antibiótico una vez por semana. Agua abundante y limpia para que el pájaro pueda bañarse a discreción, algo que favorece mucho la caída de la pluma enferma.

El canto

Una pregunta común es, ¿qué es lo que produce el canto de los pájaros?

El mecanismo consiste en el aire que es expulsado por las vías respiratorias, el cual hace vibrar las membranas de un órgano situado en la unión de los dos bronquios y de la tráquea, que se le denomina "siringe", una diminuta caja vocal exquisitamente articulada. Cada bronquio, a su vez, está controlado separadamente por medio de unos nervios, llamados "hipoglosos", siendo ese sistema doble lo que permite a ciertas especies emitir simultáneamente varios sonidos diferentes.

Los pájaros utilizan su canto para anunciar su territorio, sus deseos de encontrar pareja, y muchos otros mensajes útiles para su supervivencia. Los cantos se realizan generalmente durante todo el día con distintas intensidades, pero preferentemente con mayor intensidad al nacer el día, o con la caída de la tarde. A título de curiosidad, podemos decir que hay numerosos casos de pájaros que podríamos considerarlos "imitadores", dado que intercalan en su canto parte del de otras especies. Quienes los han estudiado han podido determinar que pájaros de un mismo lugar tienen un dialecto que le es peculiar, y que los diferencia con otros de su misma especie, pero de otros parajes.

Tan esencial es el canto para los pájaros, que ya es difícil saber si un pájaro muere porque no canta, o la ausencia de canto indica una seria patología, pues parece ser que forma parte de su desarrollo vital.

¿HACE FELIZ A SU PÁJARO?

Si usted es el propietario de un pájaro de cualquier especie, enhorabuena; si ese pájaro le hace compañía enhorabuena también, y si además le hace feliz será el delirio. Pero, ¿se ha planteado alguna vez si hace usted feliz a su ave? ¡Con lo fácil que es contentar a un pájaro! Pues bien, en el cuidado de las aves hay cosas tan sencillas, tan obvias, evidentes y palpables que, o ni nos las planteamos, o las damos por hechas. Una de ellas es la ubicación de la jaula de nuestra mascota. ¿Dónde situar a un simple pájaro en nuestra amplia y confortable casa, o en nuestro jardín? La respuesta parece simple: en cualquier sitio. Pues la respuesta es incorrecta. Se necesitan una serie de condiciones mínimas destinadas sobre todo a garantizar la salud, tanto física como "mental", de nuestra ave.

Si nuestra opción es tener al animal en una jaula dentro de nuestro hogar, deberá de situarle en la habitación de mayor uso de la casa para, por una parte, poder estar pendiente del pájaro continuamente, y por otra, para que nuestra mascota se sienta acompañada y distraída con el ir y venir de la gente que entra y sale del cuarto. Parecerá una tontería, pero determinadas aves como las psitácidas, que cuentan con un "intelecto" bastante desarrollado, pueden sufrir trastornos debido a la inactividad y al aburrimiento. La jaula deberá colocarse a la altura de nuestros ojos o algo inferior, en un lugar en que el ave tenga un amplio campo de visión. Este punto y la distancia con respecto al suelo (a los pájaros les aterra que la jaula esté en el suelo), le da al animal una gran sensación de seguridad y evita su estrés. Sin embargo, nunca debemos colocar la jaula de nuestra ave a una altura tal que pueda mirarnos desde arriba, o sentirá que es el jefe (animal dominante), lo que tendrá desagradables consecuencias para su docilidad y aprendizaje.

Tendremos que evitar también la sensación de inseguridad que sufre el animal enjaulado si no dispone de una zona en la se pueda sentir a salvo y a resguardo. Las soluciones pueden ser dos: o bien utilizar una jaula tipo cajón, con lo que el pájaro sólo se sentirá a la vista por la parte anterior de su alojamiento, o bien utilizar la convencional jaula de barrotes, situándola contra una esquina del cuarto o pegándola a una pared, consiguiendo así que el pájaro se encuentre protegido por al menos un lado de su habitáculo.

La jaula deberá estar situada en un lugar accesible, libre de humedad, luminoso y sin corrientes de aire, a las que son muy vulnerables las aves. Cuando nos referimos a un lugar luminoso, en ningún momento queremos decir que el animal deba recibir los rayos del sol a plena intensidad, pues tendrá que disponer de una zona de sol y una de sombra donde resguardarse del calor intenso. Nunca coloquemos la pajarera encima de un aparato calefactor de aire caliente o de un radiador. Las aves soportan mejor temperatura inadecuada pero estable (dentro de ciertos límites, por supuesto), a los continuos y rápidos cambios de temperatura.

Si decide tener su pájaro fuera de casa las normas a seguir son básicamente las indicadas con anterioridad, teniendo en cuenta, por supuesto, la temperatura predominante en su lugar de residencia, así como la especie que adopte como mascota. Sus animales podrían pasar la temporada invernal en la casa y durante el periodo de buen tiempo en un lugar al aire libre, asumiendo que los continuos cambios de ubicación del animal producen gran desorientación y desasosiego en éste, acentuándose estas reacciones mucho más en época de cría. La jaula o pajarera deberá estar en este caso en una zona llana y resguardada, en la que los pájaros cuenten con una parte de sol y otra de sombra, orientando la jaula hacia el sur o el este para aprovechar mejor el sol de primeras horas de la mañana y evitar los vientos fríos del   norte.

Nunca emplace la jaula justo en la vertical de un árbol. El agua de lluvia que escurra de la vegetación cercana, las hojas muertas, y las deposiciones de las aves que duerman o se posen en el árbol, irán directamente a parar a nuestros pájaros. Además, podemos contar en nuestro árbol con visitantes no deseados que, aunque no puedan dañar a nuestros pájaros, sí podrán causarles un fuerte estrés. En prevención es conveniente, de todas formas, situar a las aves en un punto en las que sean visibles desde la casa.

En el cuidado y cría de animales hasta el más mínimo detalle es fundamental para garantizar la salud de nuestras mascotas y cuantos más requisitos cumplamos más saludables estarán nuestras aves y vivirán más y mejor. Así que una vez expuestas las normas básicas de un procedimiento tan sencillo como es la ubicación de la jaula de su pájaro... ¿hace usted feliz a su a su ave?

Las perchas y columpios

Colocaremos las perchas, tanto en jaula como en aviario, en los extremos del recinto, siempre a media altura y en puntos en los que no puedan entorpecer el vuelo de los pájaros. Nunca las situaremos en la vertical de comederos, bebederos y zonas de baño, con el objeto de que las deyecciones no contaminen ni la comida, ni el agua. Tampoco pondremos unas perchas sobre otras si no queremos que los excrementos vayan a caer directamente sobre las aves que descansan en el posadero inmediatamente inferior. Las perchas, además de como posadero, tienen que cumplir una misión muy importante que consiste en permitir a las aves que ejerciten sus patas. Esto lo conseguiremos proporcionando a nuestras mascotas perchas que en su longitud sean de distintos grosores para que la presa que realice el animal no sea siempre idéntica. Si el grosor es uniforme en toda su longitud, no escogeremos aquellas de un diámetro demasiado pequeño, pues es este caso los dedos de las patas se superpondrán unos con otros, no se hará suficiente fuerza y, por lo tanto, no se ejercitarán las patas correctamente. Además, las plumas del vientre no cubrirán correctamente las extremidades del animal y no estarán resguardadas del frío mientras descansan, no siendo infrecuentes los casos de congelación en los dedos de las patas cuando bajan las temperaturas. Si es demasiado grueso los dedos estarán demasiado separados, el pájaro hará excesiva fuerza para sujetarse y le acabarán doliendo las patas. Lo correcto es un diámetro tal que las patas abarquen la totalidad de la percha sin que sus dedos se unan. Nosotros aconsejamos la utilización de una percha que presente diferentes grosores en toda su longitud.

El material idóneo es la madera de haya y esta tiene que ser dura, en especial para alojamientos destinados a psitácidas que con su fuerte pico pueden acabar en un momento con la percha. La textura de la superficie nunca tiene que ser lisa, sino rugosa para proporcionar a los pájaros un mejor agarre. En el supuesto de que la percha sea lisa debemos de frotarla con una lija o realizarle unos pequeños cortes para hacerla desigual y con granulado. Utilizaremos aquellas que presenten una sección cuadrada con los bordes redondeados. Nunca envolveremos el posadero con lija para que las aves desgasten las uñas, pues pese a que es una práctica que se recomienda por algunos autores nosotros lo desaconsejamos totalmente.

Si hablamos de un recinto exterior que cuente con refugio situaremos un mayor número de perchas en la zona a resguardo que en la parte a la intemperie, con el fin de persuadir a nuestras mascotas de que duerman en el interior. Aquí las perchas serán ubicadas lo más alto posible para dar una mayor sensación de seguridad. Algunos loros provenientes de Sudamérica, así como los periquitos australianos, prefieren una repisa en vez de una percha, por lo tanto, para estas especies es mejor que utilicemos para que descansen una tabla situada a unos 40 cm del techo.

Los parásitos pueden encontrar un buen refugio en las pequeñas grietas de las perchas de madera, por lo cada cierto tiempo nos veremos obligados a sustituirlas por unas de repuesto mientras las lavamos, raspamos y desinfectamos. Una medida que podríamos calificar como de eficaz es el "flameado" de la superficie de la percha con un soplete para así acabar con los ácaros.

Cuidados de las uñas

Si un ave no consigue desgastar de una manera aceptable sus uñas con el ejercicio diario, nos veremos obligados a recortárselas nosotros mismos con el fin de que el animal no se enganche constantemente las patas con cualquier objeto con el que se tope en la jaula. El crecimiento excesivo de las garras se da principalmente en las aves de menor tamaño, a las que tendremos que prestar una especial atención para que no sufran ningún percance. Realizaremos un exhaustivo control sobre todo en escribanos y capuchinos.

Para facilitar el desgaste introduciremos en el habitáculo piedras, trozos de ladrillo, cañas de bosque... Nunca envolveremos las perchas con papel de lija o similar para favorecer el desgaste de las uñas; es una crueldad para el ave tener que estar pisando "descalzos" constantemente una superficie "llena de guijarros".

Para realizar el recorte de uñas, tendremos que inmovilizar al animal sujetando la pata con los dedos índice y medio, apoyando la espalda sobre la palma de la mano. Con la otra mano sostendremos unas tijeras afiladas o un cortaúñas para realizar el recorte.
Es conveniente que cortemos de menos y después de un cierto tiempo volvamos a repetir la operación cuando comprobemos que la uña ha vuelto a crecer, a que lo hagamos demasiado arriba y cortemos el capilar alojado dentro de la uña. Procure no seccionar el vaso, aunque si en un descuido lo hacemos no pasaría nada pues cortaríamos la hemorragia aplicando sobre la herida un paño o algo que haga tapón. Si transcurrido un tiempo no ha dejado de sangrar pondremos en la herida un producto hemostático. Algunos autores afirman que un excelente coagulante es un buen tapón de harina de maíz o, mejor aún, arcilla roja en polvo en la zona que sangra. Para tener una mejor visión de dónde se encuentra el capilar, pongamos la pata de animal al trasluz y así sabremos el punto exacto en que se encuentra el vaso.

Cuidados del pico

Al igual que en el caso de las uñas, el pico sufre un crecimiento progresivo que se ve frenado por el desgaste durante la actividad habitual del ave. Si esta actividad no resulta suficiente, el pico aumentará de tamaño de manera desproporcionada hasta el punto de que el animal puede quedar inhabilitado para alimentarse. Este problema se da fundamentalmente en psitácidas que utilizan el pico como herramienta. Como medidas de precaución y desgaste adicional para el pico colocaremos en el alojamiento huesos de jibia o un bloque mineral, y ramas no venenosas que el animal pueda roer y así desgastar el pico de manera natural. En algunos loros de pequeño tamaño (caciques y loros de higuera) el pico crece con gran rapidez, pero con suministrarles ramas para que roan se corregirá el problema sin más complicaciones.

Si esta medida de prudencia no fuera suficiente, nos tendríamos que poner manos a la obra y rebajar el pico nosotros mismos. Con unas buenas tijeras o un cortaúñas cortaremos una pequeña porción de la parte superior superior, poniendo mucho cuidado de no cortar los capilares del pico; comprobaremos la posición de los vasos observando el pico al trasluz. Otra precaución a tomar es que a la hora de recortar no dañemos la lengua del animal.

El recorte se debe llevar a cabo sólo cuando sea necesario y cuando hayan fracasado otros métodos. Además, si no tenemos la seguridad de que lo vamos a realizar correctamente o si no nos atrevemos, es mejor que llevemos a nuestro animal al veterinario.

Si el pico de nuestra mascota se desescama no debemos preocuparnos, pues es un proceso totalmente natural de renovación del pico en el que las capas más superficiales se caen como consecuencia del crecimiento de las partes más internas. En algunos individuos de edades avanzadas el ritmo de crecimiento del pico es muy elevado, por lo que estaremos más pendientes del crecimiento de la mandíbula superior y se lo rebajaremos con más frecuencia.

Juguetes

Este apartado está especialmente dedicado a los poseedores de psitácidas, las únicas aves que debido a su sociabilidad y a su inteligencia necesitan estar entretenidas y sentirse en compañía. La falta por parte de estos animales de distracciones, y el olvido y la desatención por parte del dueño, pueden provocar comportamientos no naturales que llevarán asociados graves daños. Por esta razón son tan importantes los juguetes para estas aves, y sobre todo en papagayos que tienen que pasar gran cantidad de tiempo solos.
Los juguetes tienen que cumplir unas características muy determinadas para que no se conviertan en un peligro. Serán atóxicos, resistentes a la acción del pico, y que no desprendan pedazos que el animal se pueda tragar provocándole una obstrucción intestinal.
Existen actualmente en el mercado una gran variedad de objetos especialmente fabricados para el disfrute de los loros y otros pájaros similares. Entre ellos podemos citar escaleras, campanillas, pelotas duras (ni de plástico blando ni de goma), cuerdas y sogas (no pueden ser ni de algodón o fibra similar que se deshilache haciendo bolas que causarán una obstrucción intestinal al animal que las ingiera. Aconsejamos las cuerdas de madera de pita),

columpios, cadenas de eslabones grandes (para que no queden atrapadas la patas) ...

También hay elementos naturales que nos pueden servir para mantener distraído a nuestro loro o periquito, como por ejemplo ramas con corteza, el cuero sin curtir, tubérculos crudos como zanahorias y patatas, pieles de plátano, calabazas secas, cáscaras de coco, conchas, nueces y uvas, huesos de pollo con restos de carne...

Las perchas en forma de T son una excelente solución para animales que estén domesticados, ya que pueden vivir en un estado de semilibertad que proporcionará grandes satisfacciones a nuestro loro. Además, este tipo de perchas suele ser un juguete ideal que utilizará colgándose y haciendo mil piruetas que lo tendrán distraído. Escaleras, posaderos a distintas alturas, cordones y todo tipo de accesorios pueden venir asociados a estas perchas. Tenemos que añadir que a veces los papagayos no aceptan los juguetes de manera inmediata, ya que los ven como un objeto extraño, pero tendremos que tener paciencia. Los juguetes tienen que ser esterilizados y limpiados con regularidad.

AVERIGUAR EL SEXO DE LAS AVES

Toda persona que se dedica al cuidado y cría de especies de aves se encuentra antes o después con el mismo problema: ¿cómo distinguir entre machos y hembras? Aunque esto pueda parecer una trivialidad no lo es tanto, pues no es la primera vez que alguien intenta reproducir tal especie de aves empleando dos machos o dos hembras.

Indudablemente este desatino constituye una pérdida importante de tiempo, dinero y paciencia, a lo que hay sumar la decepción del criador quien seguramente culpará a los pájaros de infertilidad. Por eso puede resultar interesante el llevar a cabo un recordatorio de los principales métodos existentes para el sexaje de aves, así como sus pros y sus contras.

Diferencia sexual

Se dice que una especie presenta dimorfismo sexual cuando existen diferencias visibles entre los machos y las hembras en dichas especies. Este es el método más sencillo de sexaje en aves, observar las diferencias entre ambos sexos para elegir una pareja. Pero esto no es tan sencillo como parece en las aves.

En primer lugar, no todas las especies presentan dimorfismo sexual, lo que implica que hay especies en las cuales los sexos son indistinguibles por su aspecto externo.

En segundo lugar, aun cuando existan diferencias entre machos y hembras, estas no son siempre tan claras como para que cualquiera pueda distinguirlas, y se requiere experiencia y muy buen ojo.

En tercer lugar, el plumaje de los individuos jóvenes machos es muchas veces muy similar o idéntico al de las hembras, por lo cual podemos confundir un individuo inmaduro con una hembra.

Por último, este método no nos permite diferenciar el sexo de los individuos de manera precoz (puede ser necesario esperar incluso años).

Entre las ventajas más destacables de esta técnica de sexaje, están su nulo coste y el mínimo o inexistente estrés para el animal por su manipulación.

Presencia de órganos copuladores

Este método sólo es válido para las anátidas (pato, oca, ganso), puesto que los machos de estas poseen un órgano copulador que puede visionarse mediante su extracción de la cloaca. Constituye un método rápido y sencillo, de nulo coste y con un 100% de fiabilidad. Los únicos inconvenientes son que sólo es válido para esta especie y que se causa un estrés moderado al animal si este no está habituado a la manipulación.

Visualización de los órganos sexuales por endoscopia

Este fue el primer método que podía emplearse para la determinación del sexo de cualquier ave. Consiste en realizar una pequeña intervención quirúrgica para visualizar directamente los órganos sexuales del ave y comprobar si las gónadas corresponden a un macho o a una hembra, es decir, si tiene testículo u ovario. Pero como para la operación se requiere anestesia general y un quirófano adecuadamente preparado, así como cierta pericia por parte del cirujano, indudablemente no es adecuado para pájaros hogareños y solamente está reservado para zoológicos.

Determinación de niveles hormonales

A nivel experimental se ha tratado de relacionar el sexo de las aves con la presencia de determinadas moléculas o cantidades de estas en sangre, deposiciones...

El método que mayor difusión ha alcanzado de los de este tipo es la determinación de los niveles de estrógenos, ya sea en sangre o en deposiciones. Los estrógenos se pueden decir que son hormonas femeninas, aunque esto no es del todo correcto, pues también están presentes en los machos, aunque en cantidades muy inferiores. Los métodos de determinación de estrógenos se basan en detectar la presencia de determinados niveles de estas hormonas para distinguir entre machos y hembras (por encima de cierta cantidad serían hembras, por debajo machos), y se pueden realizar desde meramente el análisis químico, hasta complejos procesos como el radioinmunoensayo (RIA).

Por los datos encontrados en la bibliografía el método más extendido es el análisis ELISA a partir de muestras de heces en busca de estrógenos. Básicamente el método ELISA consiste en usar moléculas que se unen a los estrógenos y a las cuales a su vez van unidas moléculas coloreadas. Cuanto más color en la muestra mayor cantidad de estrógenos. Las posibles ventajas de este método son que era relativamente más barato que los métodos de determinación genética y que la técnica podía ser algo más universal, pero su escasa fiabilidad y el requerirse personal técnico especializado para la determinación han hecho que caiga en desuso, aunque se sigue investigando en esta vía.

MANEJO Y CUIDADOS BÁSICOS

Dentro de este epígrafe incluiremos algunas de las operaciones y actuaciones que llevaremos a cabo con nuestro pájaro con el fin de salvaguardar el buen estado de éste, garantizándole unas mejores condiciones de vida y evitar, en la medida de lo posible, futuras lesiones y enfermedades del animal. En esta ocasión trataremos temas referentes a la captura de aves huidas, cómo sujetar correctamente a un pájaro, y el recorte de alas. Los cuidados básicos incluyen otros aspectos como higiene, alojamiento, alimentación, instrumentos de juego, etc., que varían bastante de unas especies a otras.

Captura y manejo de aves

En aquellas ocasiones en que nos veamos obligados a capturar un pájaro tendremos que seguir unas normas para que el animal no se dañe. Hay que recalcar que el único damnificado no puede ser sólo el ave, también el dueño de ésta puede salir malparado, sobre todo con especies en las que el pico y las garras son un excepcional instrumento de defensa.

La manera más correcta de sujetar a un ave es asiéndola con suavidad pero con firmeza por la cabeza con la mano izquierda y con la derecha sujetaremos las patas del animal. Además, con el pulgar de la mano izquierda y cualquier otro dedo, haciendo pinza, procuraremos inmovilizar la cabeza sujetando ambos lados del pico. De esta forma, para cualquier exploración que tengamos que realizar al animal, si sujetamos al pájaro con la mano izquierda podremos manipular con la derecha en aquel punto objeto de la observación. Dicho así parece muy sencillo, pero generalmente las aves, aún amaestradas, no suelen colaborar en exceso para su captura, por lo que tendremos que idear métodos para invitarlas amablemente a caer en nuestros brazos. Si el ave se encuentra en una jaula y pica, la mejor manera es introducir una mano enguatada para protegernos de sus ataques, y con un movimiento rápido pero suave cogerla e intentar asirla como hemos indicado anteriormente.

Para coger a nuestra mascota si se encuentra en un aviario la historia cambia, pues al entrar en el voladero los inquilinos se alborotarán al encontrar un ser monstruoso que invade su territorio. Para evitar que alguna de nuestras aves resulte dañada al revolotear de un lado a otro, deberemos esperar dentro del recinto a que las cosas se calmen. Serenándose la situación fijaremos el pájaro elegido, al cual atraparemos con un movimiento rápido y suave saliendo del aviario rápidamente para no alborotar a los demás animales. Si nos enfrentamos a una fuga en casa o a una captura en un aviario de grandes dimensiones, tendremos que utilizar una toalla o una red de tamaño proporcional al animal. Lanzaremos la red, cuyos bordes tienen que estar almohadillados, o una toalla sobre el ave y la envolveremos con mucho cuidado. En el caso de usar una toalla, además de envolver el cuerpo procuraremos tapar los ojos del animal para que se calme. Si queremos trasladar el ave hasta la jaula o el aviario, podemos usar una caja pequeña de cartón.

No hay que olvidar que las capturas y manipulación de nuestras aves les suponen un estrés importante, por lo que reduciremos estas prácticas sólo a casos de necesidad y las mantendremos asidas durante el tiempo que sea estrictamente necesario.

Los objetos que habitualmente utilicemos para las capturas no tienen que estar a la vista de las aves, ya que éstas los asocian con una situación de peligro y les pueden causar nerviosismo. Guantes, red, toalla, etc., si han sido empleados con anterioridad, tienen que ser ocultados al ave hasta el momento justo de la captura; nuestras mascotas son muchas veces más inteligentes de lo que creemos.

RECORTE DE ALAS

El recorte de alas tiene como objetivo primordial que el ave pueda pasar periodos más o menos largos de tiempo fuera de la jaula sin que el animal se dañe al golpear contra ventanas y objetos que tengamos en nuestra vivienda en su afán de escapar. Además, el recorte de las plumas permitirá a nuestra mascota realizar pequeños vuelos que le supondrán un ejercicio necesario y saludable. En algunos ejemplares el recorte es una medida que utilizaremos como sistema para proteger al ave de golpes de manera temporal, es decir, durante los primeros meses de estancia del animal en nuestra casa, o para animales especialmente asustadizos o nerviosos. Hay algunos pájaros que se adaptan perfectamente a estar libres por la casa y no se asustan, ni huyen de manera desordenada de los inquilinos de su nuevo hogar, por tanto, no se hace necesario el tener que volver a realizar un recorte después de la primera muda. Tanto si optamos por el recorte de por vida como por el recorte temporal, hay que seguir unas precauciones básicas para evitar disgustos. Hay muchos de dueños de mascotas que piensan que con las alas recortadas los animales no pueden volar y se percatan de su equivocación cuando un día de calor dejan la ventana abierta y comprueban que se han quedado sin mascota. Y es que el recorte merma la capacidad de vuelo, pero no imposibilita que el pájaro llegue volando a trancas y barrancas hasta la ventana y desaparezca para siempre. Sirva como referencia que un loro puede volar con dos primarias en cada ala. Otro dato muy a tener en cuenta es que el pájaro muda las plumas y que, por consiguiente, tenemos que revisar cada cierto tiempo al ave para comprobar que no ha repuesto ya las plumas que hemos recortado. Si lo hace estará en perfectas condiciones de darnos un disgusto.

No introduciremos aves con las alas recortadas junto con otros individuos que no han sufrido un recorte. La capacidad de volar y maniobrar de las primeras está mermada y en el caso de sufrir una agresión por parte de alguno de sus compañeros de alojamiento el ave estaría en seria desventaja tanto a la hora de defenderse, como a la hora de huir.

El recorte de las alas deben realizarlo personas que tengan probada experiencia en esta maniobra, preferiblemente un veterinario. El realizarlo de manera incorrecta puede dañar al ave o alterar de tal manera su capacidad de vuelo que le sea imposible, por ejemplo, aterrizar sin golpearse. Para realizar el recorte una persona sujetará al ave con la mano izquierda por la cabeza/cuello, y con la derecha se sujetarán las patas del ave. Otra persona armada de unas tijeras será la encargada de extender una de las alas y cortar con extremo cuidado un par de dedos o tres de las rémiges (pluma mayor) del ala del animal. Contaremos esos dos dedos desde la punta de las plumas, aunque también podemos recortar solamente las plumas hasta la mitad del ala. Con esto conseguiremos que un error de cálculo no haga que quitemos una porción de pluma excesiva en la parte más alejada del cuerpo restando maniobrabilidad al animal. Si nos pasamos quitando pluma del extremo del ala los vuelos serán excesivamente torpes y los aterrizajes aparatosos, lo que puede hacer que nuestra mascota se dañe y golpee. Así tendrá miedo y se mostrará reacia a salir de la jaula o a hacer ejercicio en el exterior.

Podemos optar por el recorte de ambas alas o de una sola, pero en este caso se provocaría un desequilibrio al ave al intentar volar que no le permitiría a nuestra mascota recorrer grandes distancias. Además, el vuelo es torpe y tendente al giro.

Para un pájaro en libertad o en cautividad la capacidad de vuelo es algo natural que debemos tender a mantener. Les proporciona una gran satisfacción y les permite hacer ejercicio de manera regular, siempre y cuando el pájaro esté en un aviario o en una jaula de la que permitamos salir a nuestro animal unas horas al día. El recorte de alas tiene que ser considerado como una medida de tipo transitoria en la mayoría de las aves, hasta que estas se adapten a estar sueltas en nuestra casa compartiendo con los demás inquilinos del inmueble la vivienda sin temor alguno. Si damos con un ave demasiado nerviosa o que no se adapte a su nuevo estatus, es conveniente para darle un tiempo de libertad recortar las rémiges cada vez que las mude para evitar que vuele y pueda dañarse gravemente en un intento de huida desesperada a través de una ventana cerrada, o al chocar con todas sus fuerzas contra una lámpara o jarrón.

LA JAULA Y SU UBICACIÓN

Si desea tener en el interior sólo una pareja, o un número pequeño de aves, lo habitual es instalarlos en una jaula. Una buena jaula es de tipo caja, con la parte delantera enrejada. Las jaulas empleadas para la nidificación pueden tener la puerta más pequeña en un lateral, por donde se introducirán el nidal y las jaulillas. Las jaulas redondas, con adornos, resultan totalmente inapropiadas.

La disposición interna de la jaula deberá adaptarse a las necesidades de la especie que va a vivir en ella. Existe un principio según el cual cuanto mayor sea la jaula, mejor será la salud de los pájaros, por lo que las dimensiones mínimas de una jaula deberían ser de 100 x 40 x 70 cm. Los barrotes para aves pequeñas deben estar situados entre sí a una distancia de entre 10 a 12 mm y para las especies más grandes, la distancia entre barrotes nunca les deberá permitir al ave sacar la cabeza. En lugar de disposición tradicionalmente vertical de los barrotes, algunos criadores recomiendan la horizontal, de esta manera los pájaros pueden observarse mejor y no se deterioran las plumas de la cola. Las jaulas mayores suelen ser de tela metálica y para pintar los barrotes de alambre siempre será aconsejable usar una pintura no tóxica, de color negro.

Se colocan en la jaula algunas ramas fuertes de manzano, sauce, o similar, siendo importante no poner muchas varas en la jaula, ya que el pájaro debe poder volar en ella y no solamente saltar; también es necesario preocuparse de que las varas se mantengan siempre limpias. Si las ramas están muy cerca de las paredes el pájaro podría quebrarse o hacerse daño en las plumas de la cola, y también es necesario fijarse en que las varas no sean tan finas para que el ave pueda tomarla completamente entre sus garras. Igualmente se aconseja colocar algunas ramitas de mimbre para que el pájaro prepare su nido, mientras que para el baño deberá enganchar un recipiente lleno de agua. El lugar donde se coloca la jaula es importante, ya que deberá permanecer allí por mucho tiempo debido a que los pájaros se acostumbran a su lugar y cualquier cambio les resulta desagradable.

ENFERMEDADES

Enfermedades infecciosas

Conocemos como enfermedad infecciosa aquella que está producida por agentes vivos, pero hay que destacar que por lo general y aunque desconocemos bastante la etiología de muchas enfermedades que afectan a los pájaros, en las patologías infecciosas tenemos la posibilidad y medios para conocerlas.

Generalmente la terapéutica es sintomática y casi nunca constituye un tratamiento verdaderamente definitivo, por la falsa comodidad de que un solo antibiótico nos va a permitir tratar un importante apartado de enfermedades infecciosas.

Damos a continuación, una clasificación de los agentes patógenos más comunes a los que nos referiremos mas adelante:

1.- Virus
2.- Gérmenes bacterianos o microbianos
3.- Hongos
4.- Parásitos

Los gérmenes infecciosos, desde las jaulas donde se hallan situados, intentan producir la enfermedad pues el pájaro es un buen receptor y transmisor de la enfermedad, ya que suele eliminar el germen patógeno a través de sus secreciones, desde el inicio de la enfermedad e inclusive hasta después de su curación. Por ello existen gran cantidad de reproductores del mal que lo son por tratarse de portadores crónicos enmascarados, especialmente de *Salmonelas* y *Colis* que son los causantes de la mayoría de infecciones intestinales en los pichones de nido durante sus primeros días de vida.

El propio suelo de jaulas y voladeras es un buen caldo de cultivo donde suelen aparecer las *clostridias* y las *coccidias*. También son un habitual vector de infecciones las rejillas y los propios saltadores, especialmente del síndrome conocido como enfermedad de las patas, cada día más extendido y difícil de combatir.

La infección puede ser, por tanto, directa o indirecta pero el problema real consiste en que una vez que ha llegado el agente infeccioso al organismo del pájaro, la enfermedad aparece por alguno de los siguientes mecanismos:

Por su gran poder de invasión
Por intoxicación
Por parasitación
Por formación de inmunocomplejos.
(Formación de anticuerpos de forma desmesurada, capaces de provocar lesiones por un fenómeno de hipersensibilidad).

Aunque la identificación de la enfermedad debería ser siempre realizada por veterinarios, en ocasiones el aislamiento, la distancia, o la carencia de medios, obligan al aficionado a actuar por si mismo usando la experiencia adquirida, lo que supone una situación de relativa incapacidad de defensa efectiva y eficiente ante la infección. Por ello, recomendamos en primer lugar recurrir siempre al profesional especializado y si esto no es posible, estas son las pautas a seguir:

1. El aficionado debe procurar a través de los síntomas y de su experiencia, intentar identificar el tipo de enfermedad que afecta a sus pájaros, aunque ello le plantea un nuevo problema, al tener que autodecidir con qué

medicamento va a tratar a sus pájaros. Para resolver esta cuestión, debe tener presente que va a combatir un germen y que no sabe con certeza de cual se trata, por lo que debe apoyarse en un diagnóstico de presunción dirigido contra el germen que se acerque más a sus observaciones y a su experiencia.

2. La infección producida por un solo germen deberá ser tratada con un solo antibiótico de amplio espectro, eficaz a la dosis farmacológica indicada por el laboratorio preparador del fármaco, que a ser posible debe ser especialista en pájaros, empleándolo por un tiempo adecuado que generalmente no debe superar los diez días consecutivos.

3. Los antibióticos más comúnmente usados para combatir las enfermedades infecciosas en las aves son: *tetraciclinas, nitrofuranos, eritromicina, cloranfenicol, sulfamidas, lincomicina* y *spiramicina*.

Precauciones:

La terapia con antibióticos tiene siempre un problema añadido, que no es otro que la resistencia bacteriana, entendiendo como tal el hábito a un antibiótico que ha sido administrado de forma indiscriminada y sin verdadera necesidad en algunos casos, a la vez que existen gérmenes gram negativos que pueden ser resistentes como los proteus y las pseudomas.

También pueden aparecer resistencias bacterianas en pleno tratamiento debido principalmente a las siguientes causas:

1.- Persistencia microbiana y elevada agresividad de la misma.

2.- Mutación genética del microorganismo patógeno.

También debemos evitar la administración asociada de un fármaco bactericida y otro bacteriostático, ya que suele ser antagónica, pues mientras el bactericida destruye al germen mientras está en crecimiento, el bacteriostático se ocupa de impedir este crecimiento, por lo que sus actividades se interfieren.

Sabido esto y como pauta general, debe evitarse la administración de antibióticos a los pájaros si no existe una enfermedad infecciosa plenamente identificada, pues con ello reduciremos la resistencia bacteriana transferible en nuestro aviario, y dispondremos de las propiedades del fármaco cuando verdaderamente sean necesarias.

La prevención de enfermedades en sujetos sanos debe de hacerse mediante la higiene profiláctica y la desinfección debidamente programada, no usando antibióticos sin verdadera necesidad. Es inútil tratar infecciones víricas con antibióticos ya que su acción es totalmente nula ante los virus, pudiendo emplearse únicamente si está probada la existencia de otros gérmenes de acompañamiento.

Hay que deducir de todo lo expuesto que el uso de antibióticos es muy importante, pero también lo es saberlos emplear y dosificar adecuadamente administrándolos únicamente cuando sea estrictamente necesario.

Asma

Se trata de una enfermedad respiratoria que cursa con estertores, tos y estornudos, aunque en los casos más graves el pájaro se acurruca y se agazapa en el fondo de la jaula en lugar de posarse en las barras. Las causas pueden ser resfriados, corrientes de aire, enfermedades mal curadas, alimentos en mal estado, predisposición hereditaria, por lo que se puede prevenir simplemente colocando la jaula en un lugar adecuado, nunca sofocante, y con una alimentación correcta.

El tratamiento, y puesto que suele ser una enfermedad crónica que no impide que el animal viva en buenas condiciones, suelen ser broncodilatadores y en ocasiones cortisona. Remedios naturales son la Grindelia y la Drosera, por lo que resulta aconsejable que se pongan unas ramas en la jaula o incluso en la misma agua de bebida.

Acariasis

Se detecta porque hay nerviosismo excesivo, inquietud, accesos de urticaria en los que el animal se rasca continuamente, pequeñas crisis de tos (en la acariasis respiratoria), caída de plumón con la base roída (causa del ácaro de la pluma), plumaje enmarañado y poco brillante.

Normalmente se origina por una limpieza insuficiente de las jaulas, lo que permite la presencia del ácaro gris y el ácaro rojo. Obviamente, su prevención es sencilla mediante la adecuada limpieza e higiene de las jaulas y de los accesorios, así como la aplicación periódica de un aerosol desparasitador, el cual se aplica no sólo en las jaulas y en los accesorios, sino también directamente en el cuerpo del animal afectado. Hay que tener presente que la acariasis respiratoria es contagiosa y por esta razón los ejemplares que presentan este tipo de enfermedad (los que tosen) deben ser aislados y en muchos casos deben ser literalmente rociados con el desparasitador dos veces al día durante un periodo variable, pero que normalmente no supera las dos o tres semanas, transcurridas las cuales el pájaro se cura o perece. El medicamento se aplica mediante un émbolo que trae el frasco y se vierte en el cuello del pájaro, teniendo la precaución de levantar las plumas soplándole y que el contenido caiga sobre la piel. Con el resto que queda mojar levemente las comisuras del pico, y en poco tiempo el pájaro estará libre de ácaros en las vías respiratorias.

Para la acariasis de las patas, que se presentan escamosas y con pequeñas costras, se aplica una pomada acaricida y emoliente para provocar la caída de las escamas y costras. El suministro de un complejo polivitamínico en el agua de beber es un buen complemento.

Cuando los ácaros se instalan en las vías respiratorias el pájaro emite un carraspeo sobre todo de noche, respirando y abriendo el pico, lo cual le impide dormir correctamente y anula el canto por completo.

Toxicosis

Hay numerosos trastornos del aparato digestivo que en principio son etiquetados como gastritis crónica, pero que luego se ha descubierto que estaban originados por una micosis o diferentes bacterias. Si este es el caso, lo habitual es poner un tratamiento preventivo de antibióticos y sulfamidas, seguido de bacilos lácticos y sal de fruta, con el cual se evitan muchas muertes, ya que una vez establecido el cuadro de inflamación y hepatomegalia, el animal no responde a ningún tratamiento y muere. Es importante eliminar de la dieta las semillas grasas e incluso va muy bien darle las semillas hervidas, cambiándoselas a diario durante un mes y luego se le va sustituyendo poco a poco. Se le debe dar de vez en cuando un poco de pasta de cría, así como un laxante suave tipo sal de fruta.

Hay que tener siempre arcilla en polvo disuelta en agua o carbón vegetal.

La fuente de contagio suelen ser las semillas, lugares preferidos para que las bacterias y hongos depositen allí sus toxinas, las cuales se impregnan de tal modo que es imposible eliminarlas por más que las lavemos y además resisten temperaturas superiores a los 100 grados; una vez la semilla infiltrada no hay forma de limpiarla de veneno.

Para evitar el contagio y dado que la enfermedad una vez establecida plenamente es de muy difícil curación, vamos a ver la forma de evitarla en lo posible.

1) Usar sólo mezcla de semillas y pastas de plena garantía, lo más frescas posible. Una mezcla en las que la mayoría de las semillas no germinen, no está fresca. También deben estar limpias y libres de polvo.

2) Es importantísimo evitar que los pájaros coman semillas del fondo de la jaula. Estas semillas están mojadas y contaminadas de heces, y son altamente contaminantes de toda clase de gérmenes.

3) Evitar guardar las semillas en ambientes húmedos y calurosos que favorecen el desarrollo de los gérmenes.

4) Son muy peligrosas las semillas germinadas, sobre todo en climas cálidos. Si dejamos germinar una mezcla de semillas unos días, podremos observar cómo se desarrolla por encima una especie de nata que está formada por millones de hongos microscópicos productores de toxinas. Para

evitarlo se suelen poner unas gotas de yodo en el agua de germinar, no dejándolas más de 48 horas y lavándolas muy bien.

5) Protegen algo contra las toxinas las verduras y el calcio.

Normalmente debe seguirse este tratamiento con los pichones exóticos o silvestres al separarlos de los padres, con los adultos recién adquiridos y con todos aquellos en los que observemos que tienen el abdomen inflamado. En los pichones y adultos recién adquiridos el tratamiento debe durar lo menos un mes y en los que enferman se debe alargar según su evolución.

ALIMENTACIÓN

Cómo alimentar a un pájaro

Un pájaro requiere mayores cuidados que otro animal doméstico y acusan más intensamente la carencia de comida. Su gran movilidad y su metabolismo les obligan a alimentarse frecuentemente y no cuentan con grandes reservas energéticas en su cuerpo.

Según el pájaro:

Si el animal es muy pequeño el requesón parcialmente deshidratado, hasta el punto que lo pueda coger con las manos, es un buen alimento.

Aunque lo mejor es que se deje aconsejar por las tiendas especializadas o por el veterinario, a las crías nidífugas -las que salen del cascarón ya con plumas-, puede darlas larvas del escarabajo de la harina, lo mismo que algunas mezclas de insectos que venden ya preparadas.

Las gallináceas gustan de copos de avena y pequeñas semillas.

Las rapaces agradecen ratoncitos y polluelos, aunque si le parece cruel puede darles carne cruda y alimentos que contengan algo de pelo o plumas.

El calcio se puede suministrar mediante cáscaras de huevo molidas.

A las palomas o pichones se les alimenta con cuajada, yema de huevo cocida, pan blanco, mijo y larvas de escarabajo molidas.

Si no quieren comer al ponerles la comida cerca, se las incitará frotándoles el pico con la comida. En ocasiones es necesario abrirles el pico con suavidad para introducir la comida o emplear una jeringa.

Los mirlos y similares necesitan alimentos cada media hora, mientras que los jilgueros cada hora

Otras aves como los gorriones o los petirrojos gustan de las galletas ralladas y la carne triturada, además de arañas, saltamontes y moscas.

En general, los pájaros que comen alimentos blandos, como los mirlos y los petirrojos, prefieren los copos de avena, fruta picada y pasas, así como las bayas secas de serval, saúco, majuelo y aligustre. También comen migas de pan, arroz cocido y patatas, todo sin sal, además de larvas de escarabajo.

Las aves graníveras, como los gorriones y tórtolas, comen cañamones, granos de trigo y pepitas de girasol.

Las aves acuáticas como los patos, gaviotas o gansos necesitan pan seco, granos de cereales, fruta y verduras. La comida se depositará cerca del agua, aunque si el ave está allí la podremos poner directamente en el agua. No obstante, evite esto porque el agua se ensucia con facilidad.

Las aves de campo, como las perdices y las alondras, comen cereales, bellotas, uvas pasas, berzas, remolacha, lechuga y patatas. Ponga el alimento al aire libre o cerca de algo de paja o arbustos para que el animal encuentre un lugar para esconderse si presiente el peligro.

Existen unas casetas adecuadas para ponerles la comida, aunque también las podremos hacer con una caja de madera a la que pondremos un techo. Tiene que estar bien cerrada por el lado en que sople el aire y su estructura debe ser en forma de silo. Estos comederos los puede situar en un árbol o en un soporte adecuado de fácil acceso por su parte, pero siempre alejado de otros animales.

Según diferentes estudios realizados, el 25% de la mortalidad de aves de presa en cautiverio está causada por una mala alimentación. Además, la mayor parte de las enfermedades que sufren estos animales están relacionadas con carencias nutricionales.

Las medidas más adecuadas a tomar son las siguientes:

Ejercitar al ave; al igual que el hombre, el ave precisa de cierto ejercicio para poder quemar el alimento.
Darle siempre una alimentación adecuada: la alimentación del ave deberá ser de muy buena calidad, en suficiente cantidad y también variada. La cantidad debe estar en relación directa con el tamaño del ave, así como con la actividad que desarrolla, su estado físico...
Como referencia pueden tomarse los siguientes porcentajes:

Ave de peso entre 100-200 g.: 18-25% de peso vivo al día.
Ave de peso entre 200-800 g.: 7-11% de peso vivo al día.
Ave de peso entre 800-1.000 g.: 3,5-6% de peso vivo al día.

Los problemas nutricionales más comunes son los siguientes:

-Inanición: debida fundamentalmente a un abuso del ayuno para el entrenamiento del ave. Es de difícil diagnóstico puesto que puede presentarse de muy diversas formas: debilidad, plumaje erizado, anemia, emancipación.

-Descompensaciones de calcio-fósforo: tanto el calcio como el fósforo son dos elementos fundamentales en la alimentación del ave, si éstos faltan se presentan diferentes problemas de tipo óseo. Los signos que pueden presentarse más comúnmente son: encurvamiento de huesos largos, mientras que los párpados y patas pierden su coloración típica y se presentan fracturas al mínimo esfuerzo.
-Deficiencias de vitaminas A. B. D y E
-Anemias

La dieta ideal es, pues, la adecuada y equilibrada para satisfacer todas las necesidades nutricionales de un pájaro de jaula. Esto significa un aporte de energía y nutrientes en cantidad suficiente y proporciones correctas, para el adecuado funcionamiento y desarrollo de su organismo.

Distribución de los nutrientes
En realidad, no existe ningún alimento que contenga todos los nutrientes esenciales. Las semillas, que constituyen la dieta base de nuestros pájaros de jaula, carecen de vitaminas y de sales minerales en cantidad suficiente, si bien poseen abundante fibra dietética, por lo que debemos añadir frutas y/o vegetales verdes que proporcionen las vitaminas y sales minerales.

Clasificación de los alimentos
Según la función principal que tienen los alimentos, se pueden clasificar como sigue:

Alimentos energéticos o calóricos son los que el organismo necesita para conseguir energía.

Alimentos plásticos o formadores son los que contienen proteínas.

Alimentos reguladores, cuya base principal son las vitaminas y las sales minerales.

Alimentos mixtos: son los compuestos energéticos y plásticos.

Recomendaciones

- No deben suministrarse diariamente ni de forma continuada a los pájaros de jaula raciones del mismo tipo de los alimentos señalados en el apartado anterior.
- Cuanto más variada sea la alimentación que se suministre a los pájaros de jaula en las distintas etapas de su desarrollo fisiológico (primeros días de vida, crecimiento, muda y reproducción), mejor será su funcionamiento biológico y nutricional.
- Los probióticos, que tan beneficiosos son en Ornitología Deportiva para evitar cuadros entéricos patológicos, pueden ser derivados lácticos u otros azúcares o excipientes a los que se añadan fermentos del tipo "Lactobacillus bulgaricus" o "Streptococcus thermophilus" o "Streptococcus faecium cernella" o similares.

Verduras

Las verduras son hortalizas cuyas partes comestibles son las hojas verdes y sus flores. Contienen un elevado porcentaje de agua, que suele oscilar entre el 80 y el 95%, siendo su valor calórico muy bajo y estos se encuentran casi exclusivamente como hidratos de carbono, puesto que las proteínas y las grasas prácticamente no existen.

Son los alimentos que mayor cantidad de fibra aportan a la dieta, siendo de gran importancia en la alimentación, especialmente en la etapa en la que las hembras atienden a los pichones en el nido.

Son reguladoras de la función digestiva y aportan vitamina C, ácido fólico, beta-carotenos y fibra dietética.

Frutos

Constituyen un alimento importante, si bien comparten algunas características propias del grupo de las verduras:

No aportan prácticamente proteínas ni grasas.

Contienen gran cantidad de agua.

Su valor energético está determinado por los azúcares de absorción rápida y cuyo porcentaje suele aumentar en las frutas maduras.

La mayoría de ellas contienen vitamina C, beta-carotenos, vitaminas del grupo B y sales minerales.

Una dieta alimenticia se considera correcta, cuando cualitativa y cuantitativamente aporta la energía adecuada para la etapa biológica o fisiológica en que se encuentran los pájaros de jaula: reproducción, cría, muda, exposiciones, etc. Para ello, el alimento que consumen las aves debe cumplir ciertos requerimientos nutritivos y energéticos para que se pueda mantener la alta tasa metabólica característica de estos animales. Por lo general, las aves consumen alimentos muy ricos en energía y proteínas, como los insectos, las semillas y el néctar, y existen muy pocas aves que coman las partes verdes de las plantas, como hojas y tallos. Sin embargo, comer plantas requiere de una especialización del aparato digestivo semejante a la que existe en los mamíferos rumiantes, pues son necesarias ciertas enzimas especiales para digerir la celulosa de las paredes celulares de los vegetales. Puesto que las aves gastan gran cantidad de energía en desarrollar todas sus actividades, invertir mucho en digerir materia vegetal no resulta eficiente.

La dieta de las aves puede llegar a ser muy variada dependiendo de la disponibilidad de alimento que haya en las diferentes épocas del año; por ejemplo, las semillas y los frutos solamente se presentan en ciertas épocas del año, por lo que las aves que los consumen comen insectos durante las etapas de escasez. Sin embargo, algunas solamente son capaces de consumir ciertos tipos de alimento, y una escasez o ausencia de su recurso puede ocasionar mortalidad excesiva en las poblaciones.

La importancia de los insectos

La gran mayoría de las aves se alimentan de insectos, que buscan y atrapan de diversas maneras, pues disponen de gran variedad de formas para cazarlos, incluso aquellas que están encerradas en jaulas. Los insectos son muy abundantes la mayor parte del año y en todos los ambientes, y constituyen una fuente importante de nutrientes, ricos en proteínas y carbohidratos.

Los gorriones, por ejemplo, rascan el piso y levantan la hojarasca en busca de los insectos del suelo, mientras que los vencejos y golondrinas se alimentan de insectos que atrapan mientras vuelan a gran velocidad con la boca abierta. Además, algunas especies cuentan con huesos agrandados en el paladar, lo que les protege de los golpes que dan algunos insectos muy duros como los escarabajos. De manera similar, las aves que atrapan insectos mientras revolotean, como los papamoscas, tienen picos anchos rodeados de vibrisas. Estas aves generalmente se encuentran posadas en una percha, realizando vuelos esporádicos para atrapar los insectos una vez que los detectan.

Las que se alimentan de frutos y semillas

Se les llama aves frugívoras a aquellas que se alimentan de frutos suaves y de sus semillas, que son recolectados en los árboles o en el suelo y tragados enteros, o destruidos en el pico antes de ingerirlos. Como los frutos son generalmente suaves y se presentan solamente en determinadas épocas del año, no existen adaptaciones morfológicas específicas para este modo de vida pues generalmente las aves que los consumen se alimentan también de insectos.

La frugivoría se presenta en gran variedad de grupos, siendo especialmente importante entre las palomas, los tucanes y los trogones (aves arborícolas y tropicales, de vistoso plumaje los machos, aunque vuelan con dificultad. Las patas presentan cuatro dedos, los dos primeros dirigidos hacia atrás y los restantes hacia delante; como el quetzal). Éstos, por lo general, tienen pico corto, plano y ancho, y algunos dientes en los bordes que les permiten cortar los frutos, manipularlos y destruirlos parcialmente en el pico. Las palomas suelen recoger los frutos del suelo, tragándolos enteros, mientras que los tucanes y los cotingas (pájaros dentirrostros, de buen tamaño y de plumaje muy variado y vistoso) los recolectan mientras están posados en las ramas.

Las aves granívoras, a diferencia de las frugívoras estrictas, se alimentan de semillas, las cuales tienen cubiertas muy duras, por lo que el grado de especialización de estas aves es mayor. Los gorriones y sus parientes tienen el pico cónico y corto, con los bordes filosos donde sostienen la semilla, lo que les permite destruir la cubierta con rápidos movimientos laterales de la mandíbula inferior. Las palomas solamente recolectan semillas y bellotas y las tragan enteras, por lo que gran parte de la digestión del alimento se realiza en la molleja que se encuentra llena de piedras. Un grado extremo de especialización lo presentan los piquituertos; éstos tienen el pico cruzado, forma ideal para extraer las semillas de las duras piñas de los pinos.

Aves nectarívoras

Los colibríes y las calandrias de América, así como los pájaros mieleros, están adaptados para alimentarse primordialmente del néctar de las flores. Éste es una fuente de alimento rico en energía que, sin embargo, se presenta muchas veces de manera estacional, por lo que necesitan complementar sus dietas con otro tipo de alimento como artrópodos y semillas.

En Australia, por ejemplo, son los loros quienes se han especializado en alimentarse de néctar, para lo cual han desarrollado una lengua con prolongaciones filamentosas en forma de cepillo que les permiten "barrer" la flor y extraer el néctar y el polen.

Comer de todo

Los cuervos, urracas y cucús, entre otros, son aves eminentemente omnívoras pues se alimentan de frutos, semillas, insectos, pequeños vertebrados y basura; son capaces de explotar diferentes recursos, por lo que sus picos son de forma sencilla sin modificaciones especiales.

En resumen…

Como el alimento tiene que proveer energía y materiales de construcción para las nuevas células y tejidos, la calidad y la cantidad son muy importantes. Una de las maneras de asegurar que exista alimento suficiente es tener un amplio espectro de dieta, aunque la mayoría de los cuidadores prefieren escoger un tipo de alimento que sea lo suficientemente abundante y nutritivo para asegurar la nutrición de los pájaros. Si todo va bien, parece improbable que nadie quiera introducir cambios por muy publicitados que estén.

PÁJAROS MÁS HABITUALES

Abejaruco Común
Merops apiaster 27 cm

Esta especie no muy madrugadora y que parece complacerse en retardar sus actividades diurnas, es admirable en vuelo. Por sus actitudes y sus juegos aéreos, los Abejarucos podrían parecernos indolentes, pero en realidad son padres excelentes y muy delicados. Se citan casos de nidos de esta especie en los que se produce una ceba comunal, en la cual varias parejas alimentan al mismo tiempo los pollos de un túnel.

Identificación: Partes superiores rojizo vivo o amarillo pálido; mentón amarillo vivo bordeado de negro; partes inferiores azul-turquesa brillante; pico largo y algo curvado hacia abajo; alas y cola verdes; en los adultos las rectrices (pluma fuerte de la cola de las aves, usada como timón con otras iguales) medias, puntiagudas, sobresalen de las demás.
Nidificación: Nido, horadado por ambos padres, en terreno blando, normalmente en talud; el túnel puede alcanzar hasta 2,5 metros y termina en una cámara circular; puesta, mayo-junio, 4-7 huevos (a veces más) globosos y blancos; la incubación, por ambos progenitores, comienza después de la puesta del primer huevo y dura 20 días; los pollos, alimentados por ambos padres, dejan el nido tras unas 3 semanas.
Alimentación: Insectos capturados en vuelo.
Hábitat: Matorrales y campos baldíos.

Alondra Común
Alauda arvensis 17 cm

Los franceses le llaman «Alondra de los campos», los ingleses «Alondra del cielo».

A este pájaro de color tierra que en estado salvaje puebla las planicies baldías y las grandes llanuras, no le gusta posarse en alto y apenas abandona el suelo, como no sea para convertirse en la «Alondra del cielo», que canta incansablemente ascendiendo en el aire. Sin interrumpir su melodía, se eleva hasta perderse de vista, se cierne y desciende por fin a tierra, donde es difícil distinguirla, ya que su mimetismo es perfecto.

Cuando acaba el verano no se ven apenas alondras, que se disimulan entre la hierba para mudar con toda tranquilidad. En otoño pierden su agresividad territorial y se reúnen en pequeños bandos para alimentarse y para migrar. Durante el invierno su número se refuerza considerablemente con los migradores nórdicos, que vienen a reunirse en los sembrados.

En España anida principalmente en la mitad norte, pudiendo distinguirse poblaciones de llanura y de niveles altos. Tanto unas como otras probablemente realizan movimientos trashumantes.

Identificación: Pardo listado; en vuelo muestra plumas externas de la cola blancas; característico vuelo de canto; pequeña cresta; línea blanca a lo largo del borde posterior del ala; sexos iguales.

Nidificación: La hembra construye en el suelo nido de hierba en forma de copa, forrado a veces con pelo; pone, en abril-agosto, usualmente 3 ó 4 huevos blancos espesamente moteados de pardo; incubación, alrededor de 11 días, sólo por la hembra; los pollos, alimentados por ambos padres, dejan el nido tras unos 8 días, volando a los 16; dos o tres crías.

Alimentación: Semillas de herbáceas; hojas de trébol y otras plantas; lombrices, orugas, escarabajos y sus larvas, arañas y otros pequeños animales del suelo; algún grano.

Hábitat: Cultivos.

Bigotudo
Panurus biarmicus 16,5 cm (Incluyendo 7,5 cm de cola)

El macho, de sobria librea y oscuros «bigotes», cobija bajo el ala a su hembra, de plumaje más apagado, formando ambos una pelota de plumas. Aun amparándose unos a otros, los Bigotudos, así llamados por las características marcas del macho, sufren fuertes pérdidas que amenazan su supervivencia cuando los inviernos son excesivamente crudos.

Pasado el invierno las parejas de Bigotudos se preparan para la nidificación. El macho levanta las plumas de la coronilla, esponja sus bigotes y abre la cola; la hembra, extendiendo también la cola, responde con una especie de danza y a veces la pareja se eleva al tiempo en un lento vuelo.

Cuando se ha concluido la reproducción, los jóvenes se separan muy pronto de sus progenitores reuniéndose en pequeños bandos hasta que, en el invierno, el frío les induce a agruparse en mayor cantidad, a veces hasta varias docenas, y vagabundean por la zona.

Identificación: Dorso leonado, cola larga; la "barba" del macho es más bien un "mostacho" corrido; la hembra no tiene negro en la cabeza ni en las coberteras (pluma del ave que cubre la inserción de las remeras y timoneras) de la cola.

Nidificación: Ambos sexos construyen un nido, de hojas de juncos o carrizos, encima del agua, en lecho de carrizos; nido revestido con flores de junco por el macho; puesta, abril-julio, de 5 a 7 huevos blanco cremoso, manchados y finamente rayados de pardo; incubación, de unos 13 días, por ambos sexos; la pollada, cebada por los padres, vuelan después de 9 ó 12 días; dos crías o más.

Alimentación: Casi enteramente insectos y sus larvas, semillas de carrizo en invierno; a veces, moluscos de agua dulce y otros pequeños animales.

Hábitat: Marismas y zonas palustres.

Canario
Serinus canaria 12,5 cm

El canario se ha adaptado tan admirablemente a la cautividad que ya se encuentra extendido por toda Europa, haciendo las delicias de refinados señores que se recrean en cultivar nuevas formas y colores, al tiempo que seleccionan magníficos ejemplares cantores. Debido a esta práctica la mayoría de los canarios que se mantienen enjaulados sólo recuerdan muy vagamente a sus antepasados salvajes, y como ejemplo tenemos el cruce del canario silvestre con el Verdecillo *Serinus serinus,* del cual se obtuvieron los primeros canarios cantores amarillos.

Identificación: Mayor que el Verdecillo, plumaje general amarillento, con el dorso grisáceo y la parte inferior del vientre de color claro. Flancos moteados. Las hembras son de un colorido parecido, pero menos brillante, mucho más grisáceo, lo que las hace parecer casi verdosas.

Nidificación: El celo comienza muy temprano, pues ya en enero es posible observar a los machos entregados con ardor a sus cánticos y vuelos nupciales. La época de nidificación varía mucho, ya que en Tenerife, por ejemplo, suele ser más precoz que en Gran Canaria, y también con la altitud. Construyen el nido sobre una altura de 4 a 6 metros, en plataneras, laureles, pinos, etc., confeccionado con fibras vegetales, hierbas y tapizado de líquenes; pone de 4 a 5 huevos de color verde azulado con manchas; incubación de unos 15 días sólo por la hembra; los pollos alimentados por ambos padres, vuelan sobre las tres semanas.

Alimentación: Semillas, frutas, y durante la cría insectos.

Hábitat: Parques y jardines.

Cernícalo Vulgar
Falco tinnunculus 34 cm

Como todas las aves de presa, el Cernícalo Vulgar está protegido por la ley durante todo el año, pero a diferencia de muchas otras no hay una necesidad desesperada de protegerlo. Se le considera un ave útil contra los ratones, ratas, topillos e insectos dañinos.

Debido en parte a su facilidad para adaptarse a diferentes clases de biotopos, el Cernícalo Vulgar se ha convertido en una de las aves de presa diurnas más comunes, pues puede encontrársele tanto en tierras cultivadas como en eriales, brezales y variedad de acantilados.

En su vuelo característico, al que debe el nombre, el ave se cierne con la cola extendida en abanico y fuertes aleteos mientras vigila el suelo en busca de presas, lo cual es frecuente observar a lo largo de nuestras carreteras. En nuestro país, esta ave vive principalmente en el campo, mientras que su próximo pariente el Cernícalo Primilla es un habitante de las poblaciones, caracterizándose ambos sobre todo por su distintivo grito y por tener las uñas negras, mientras que las del Primilla son blancas.

La nota principal del Cernícalo Vulgar es un penetrante «hi-hi-hi», aunque no se oye muchas veces a menos que las aves estén «jugando» o el macho persiga a la hembra.

Identificación: Alas puntiagudas y cola larga; el macho tiene cabeza obispillo y cola gris azulada, con ancha banda negra cerca del final de la cola; la hembra tiene cola barrada, también con banda negra.

Nidificación: No construye nido; huevos dejados en borde de rocas, edificios altos, agujero de árbol o nido abandonado; pone, de abril a junio, de 3 a 5 huevos blancos con manchas rojo-acastañadas; incubación, de unos 28 días, principalmente por la hembra; los pollos, alimentados por ambos padres, vuelan tras unos 30 días.

Alimentación: Principalmente ratones, topillos y ratoncillos; también ranas, lombrices e insectos; gorriones y otras aves.

Hábitat: Matorrales y campos baldíos.

Colirrojo Real
Phoenicurus phoenicurus 14 cm

La encendida cola pardo-rojiza de esta ave le ha valido su nombre vulgar. Junto con la frente blanca, garganta negra y dorso gris, hace del macho uno de los más bonitos de nuestros pajarillos. La cola juega también un papel importante en la parada nupcial; el macho se inclina, extiende el cuello, deja caer las alas y despliega la cola para exhibir una llamarada de rojo fuego, persiguiendo luego a la hembra de posadero en posadero, ambos con las colas trémulas.

Estas aves crían en casi cualquier hábitat donde puedan encontrar agujeros para hacer el nido: en bosques, parques, jardines y riberas con viejos árboles. También lo hacen en terrenos sin árboles si encuentran muros de piedras o canteras propicias. Son más comunes en bosques añosos, especialmente en zonas altas, pero en época de migración pueden aparecer en mayor número en terrenos abiertos. En las regiones del sudeste de España se encuentra casi exclusivamente en terrenos montañosos y es muy común durante las migraciones de otoño y primavera, épocas en las que se le observa frecuentemente.

Los Colirrojos Reales saltan repetidamente de rama en rama, o se lanzan cerniéndose en el aire para capturar insectos voladores, aunque también suelen recoger alimento del suelo.

Identificación: Cola y obispillo castaño rojizo vivo. El macho se distingue del Colirrojo Tizón macho por el pecho castaño-rojizo y frente blanca; la hembra es más apagada y sin blanco en la frente.

Nidificación: La hembra construye nido de hierba, forrado con pelo, aprovechando agujeros u hoyos; puede utilizar cajas anideras; pone, de mayo a junio, de 5 a 8 huevos azul pálido, muy raramente moteados; incubación, unos 13 días, sólo por la hembra; los pollos, alimentados por ambos padres, dejan el nido después de unos 16 días.

Alimentación: Principalmente insectos y sus larvas; también arácnidos y gusanillos; algunas bayas.

Hábitat: Bosques

Cuco Común
Cuculus canorus 32 cm

Anunciando la primavera, ningún canto de ave es tan conocido ni tan impacientemente esperado como el del Cuco. También es verdad que pocos son tan fáciles de recordar como el sonoro «cu-cu» cuando llega a nuestras tierras en marzo, justo en el momento en que los árboles comienzan a cubrirse de hojas y lo ocultan; en esta primera época cantan macho y hembra, particularmente el primero.

El Cuco está distribuido prácticamente por todo el país. Los adultos parten hacia África, donde pasarán el invierno, y una vez realizada la puesta en julio cada huevo es abandonado entonces a su suerte en el nido de un anfitrión involuntario. Los jóvenes marchan más tarde, en agosto-septiembre, sin ser guiados por sus padres, a los que no conocieron nunca. Por otra parte, el Cuco emigra de noche y aisladamente. Existe, pues, de forma cierta en este caso, un sentido innato de navegación que permite a los jóvenes encontrar el rumbo de sus cuarteles de invierno. Se desplazan hacia el sudoeste, en un largo viaje en solitario que les lleva, tras cruzar el Sahara, hasta los bosques ecuatoriales, donde hallan por fin el refugio invernal de su especie.

Identificación: Cabeza y dorso gris, partes inferiores barradas; distinguible del Gavilán por su pico fino, alas puntiagudas y graduadas, cola moteada; canto característico; sexos iguales, aunque hay una rara variedad en que la hembra está coloreada de castaño y barrada por encima y debajo; los jóvenes son castaños y barrados, con manchas blancas en la cabeza.

Nidificación: Cada hembra vigila un vasto territorio, en busca de nidos en construcción, y observa el comienzo de la puesta ajena. Aprovecha el momento en que los propietarios están ausentes para poner en el nido elegido, generalmente por la tarde, mientras que aquéllos ponen, en su mayoría, a primeras horas de la mañana. Con intervalos de 48 horas, el Cuco hembra pone de 12 a 13 huevos en otros tantos nidos, hurtando de cada uno un huevo para restablecer su número. Principalmente son parasitizadas las siguientes aves: Carriceros, Acentor Común, Bisbitas, seguidos de Chochín, Petirrojo, Carricerines y Lavanderas.

Alimentación: Insectos, especialmente grandes orugas; también arañas, ciempiés y lombrices de tierra; los pollos comparten la dieta de las aves que parasitizan, habitualmente, insectos, pero a veces semillas, como cuando los padres adoptivos son pardillos.

Hábitat: Sotos.

Chochín
Troglodytes troglodytes 9,5 cm

Poseedor de un nervioso trino que casi provoca sobresalto, y una pequeña bola parda que se desliza entre el ramaje, eso es todo lo que generalmente se conoce del Chochín, uno de nuestros pájaros más pequeños. Con su figura redonda, rematada por una pequeña cola vertical, el Chochín reserva muchas sorpresas y desilusiones a quien pretende conocerle mejor. Su carácter es profundamente egoísta e incluso pendenciero, y en la época de celo el macho defiende su territorio ardorosamente emitiendo una serie de trinos y de agudos silbidos de una potencia sorprendente para su tamaño. Con una energía feroz construye varios nidos mullidos, que obliga a visitar a todas las hembras de la vecindad. Los machos más hábiles retienen dos o tres hembras; los otros permanecen solitarios.

Se han encontrado guarecidos juntos hasta una docena de Chochines, pues la conservación del calor es imperativa para estas aves y los inviernos muy severos les ocasionan fuertes mortandades entre ellas.

Identificación: Pardo rojizo, con barrado oscuro en alas, cola y flancos. Cola pequeña, a menudo erguida. Canto ruidoso y penetrante. Llamada de alarma ruidosa y estridente. Sexos iguales.

Nidificación: El macho construye varios nidos en forma de bola de musgo, hojas y hierbas, en matas, enredaderas, montones de leña o huecos de paredes; la hembra recubre uno de ellos con plumas y pone a finales de abril 6 huevos blancos con pequeños puntos pardo-rojizos cuya incubación dura unos 14 días, sólo por la hembra. Los pollos son alimentados por ambos padres y vuelan después de unos 15 días. Generalmente dos crías.

Alimentación: Pequeños insectos y sus larvas; algunas arañas y pequeñas semillas.

Hábitat: Sotos.

Estornino Pinto
Sturnus vulgaris 22 cm

Típico de centroeuropa, el Estornino Pinto apenas cría en España, donde hasta ahora sólo se ha encontrado en reducidísimo número en Cataluña. Sin embargo, es uno de los pájaros más conocidos e impopulares, pues en invierno inmensos bandos de esta especie alcanzan la Península, alimentándose principalmente de granos y aceitunas, con el consiguiente perjuicio para las cosechas.

Al atardecer, tras su jornada de alimentación, las partidas de estorninos se dirigen por trayectos más o menos constantes al dormidero, establecido año tras año en los mismos carrizales y arboledas, en donde pueden reunirse varios millares.

A finales de invierno, las aves se dirigen al norte para efectuar la reproducción; entonces, la vivacidad del Estornino Pinto sigue siendo inagotable. Su carácter pendenciero origina disputas sin fin y la ocupación de orificios de árboles, donde oculta su nido, es causa de contiendas. Se comprende que una colonia de estorninos no favorezca la vecindad de otras especies, aunque tras la reproducción los ruidosos bandos se reagrupan y vagabundean hacia el sur en busca de recursos alimenticios.

Identificación: Plumaje iridiscente, púrpura, verde y azul, densamente salpicado de blanco o ante en invierno y más marcadamente en la hembra que en el macho; andadura espasmódica, vuelo rápido y recto, a veces alternando con planeos.

Nidificación: Generalmente cría en colonias poco densas. El macho construye un nido poco cuidado, con hierbas secas y pajas, en oquedades de árboles, acantilados o edificios; la hembra reviste el nido con plumas o musgo y pone, de abril a mayo, de 5 a 7 huevos azul pálido; incubación, 13 días, por ambos padres, que también alimentan a los pollos; éstos vuelan en unos 21 días; generalmente dos crías.

Alimentación: Insectos, lombrices, arañas, caracoles, babosas, frutos, semillas, raíces y bayas. En invierno, granos y aceitunas.

Hábitat: Cultivos

Golondrina Común
Hirundo rustica 19 cm

El refrán «una sola golondrina no anuncia el verano» está basado en una auténtica observación de las aves:

cuando las golondrinas empiezan a volver de sus cuarteles de invierno en África, a mediados de febrero o primeros de marzo, se presentan al principio de una en una. Hasta bien entrado el mes de marzo no llega el grueso, y entonces ya se puede decir que el verano se aproxima.

A menudo crían en pequeñas comunidades, y su voz más común es un gorjeante «tsuit-tsuit-tsuit» y su nota de alarma un «tsuii» doble. El gorjeo es emitido tanto si el ave está posada como en vuelo.

Pasada la época de cría se reúnen las golondrinas, jóvenes y adultos, a veces por millares, para dormir en lugares apropiados, generalmente carrizales, a los que también acuden otras especies afines, antes de emprender su definitivo vuelo migratorio. Aunque aparentemente golondrinas y vencejos son muy parecidos, estos no están estrechamente relacionados, perteneciendo a un orden muy distinto.

Identificación: Partes superiores azul oscuro, metálico; frente y garganta, rojo castaño; cola ahorquillada, con rectrices externas muy largas, sobre todo en el macho.

Nidificación: Ambos sexos construyen nido de barro y pajas en forma de media taza, forrado con plumas, en el alero o viga en edificio; pone de abril a agosto, de 3 a 6 huevos blancos ligeramente moteados de pardo rojizo; incubación, sólo por la hembra, unos 15 días; los pollos, alimentados por ambos padres, vuelan tras 18 a 21 días.

Alimentación: Insectos en vuelo, que algunas veces incluyen libélulas y mariposas.

Hábitat: Ciudades y pueblos.

Gorrión Común
Passer domesticus 14,5 cm

Debido a que el Gorrión Común es muy corriente se cree que es el pájaro que más abunda, pero de hecho está prácticamente localizado en la vecindad de zonas habitadas y su número es inferior, por lo menos, al del Pinzón Vulgar.

Sólo a fines del verano se desliga este gorrión de las edificaciones, desplazándose a los campos cultivados para alimentarse de grano. En estas ocasiones puede vérsele, en el sur de España, mezclado en bandos con el Gorrión Moruno, compartiendo ambos los dormideros, generalmente en árboles y cañaverales retirados de lugares habitados.

El elemento importante de su galanteo es el «corro de gorriones», que normalmente comienza sólo con un macho que corteja a una hembra saludándola con las alas caídas, cola levantada y cabeza echada ligeramente hacia atrás. Si se acerca demasiado, la hembra puede picotearle. En este momento aparecen otros machos chillando hasta que la hembra se echa a volar.

Identificación: Partes superiores pardas, rayadas de negro; píleo y obispillo grises, hombros pardo-rojizos y babero negro; barra alar blanca; menos esbelto que el Gorrión Molinero; hembra parda con el dorso rayado.

Nidificación: Ambos sexos construyen nido descuidado, de hierba seca, en agujero de edificio o árbol, a veces en seto espeso, siendo entonces cerrado; pone, de abril a agosto, de 3 a 5 huevos blancos con pintas grises y pardas; incubación, especialmente por la hembra, de 12 a 14 días; los pollos, alimentados por ambos padres, vuelan hacia los 15 días; hasta tres crías.

Alimentación: Granos u otras semillas; insectos y sus larvas; en áreas urbanas, casi únicamente desperdicios.

Hábitat: Ciudades y pueblos.

Herrerillo Común
Parus caeruleus 11,5 cm

El Herrerillo Común es uno de nuestros pájaros más encantadores. En los primeros días de buen tiempo, cuando el macho se lanza en vuelo nupcial desde la copa de un árbol, utilizando sus azuladas alas como si fueran un paracaídas, su plumaje, pecho amarillo azufre y capirote azul, es más vivo. El Herrerillo Común se limita aún más que el Carbonero Común a los árboles de hoja caduca y suele evitar los bosques sombríos de coníferas. Desde febrero la cavidad del nido, frecuentemente muy estrecha, es elegida y defendida contra otros.

Silenciosos en verano, sobre todo en los países mediterráneos donde sólo se les oye a primeras horas de la mañana, los Herrerillos Comunes vuelven a hacerse vivaces en septiembre. En esta época se registran con frecuencia grandes bandos de estas aves. Estas migraciones son irregulares, según los años y los sectores geográficos en cuestión. Disminuyen en invierno, tiempo de hambre para el Herrerillo Común, que es sobre todo insectívoro y que busca entonces, encarnizadamente, larvas y ninfas ocultas bajo las cortezas y las hojas caídas.

Su costumbre de utilizar cajas anideras ha motivado que su nidificación se haya visto notablemente favorecida.

Identificación: Alas, cola y capirote azules; mejillas blancas; dorso verde y partes inferiores amarillas; sexos iguales.

Nidificación: Cría en agujeros de árboles, cajas anideras o huecos en muros; ambos sexos reúnen musgo, hierbas, pelo y lana para material del nido; puesta, de abril a mayo, de 8 a 15 huevos blancos con puntos pardo rojizos; incubación, sólo por la hembra, alrededor de 14 días; ambos progenitores alimentan a las crías, que vuelan después de unos 19 días.

Alimentación: Sobre todo pulgones, orugas y otros insectos; algunos frutos, granos y semillas.

Hábitat: Parques y jardines.

Jilguero
Carduelis carduelis 12 cm

En un vuelo con cortas ondulaciones, en el que exhibe las manchas vivas, amarillas y blancas de las alas, el bando de jilgueros se abate sobre la alta vegetación de cardos y abrojos, sujetándose a las cabezuelas espinosas mientras aletean. Su pico agudo les permite explorar sin temor estas plantas tan peligrosamente armadas.

Los jilgueros se asocian en bandos y se mezclan con los de Pardillos, siendo bastante raro verlos en solitario. Este instinto sociable persiste durante el período de nidificación, ya que se instalan en pequeñas colonias, en los jardines y en los huertos, y se contentan con un pequeño territorio alrededor del nido. Las parejas se forman al final del invierno en los bandos errantes, acariciándose con el pico, y más tarde, el macho ofrecerá ritualmente el alimento a la hembra, antes de que ambos comiencen a construir el nido, en el extremo de una rama sobre el vacío. El nido es una pequeña obra maestra.

La costumbre tradicional de enjaularlo es debida a su llamativo colorido y a su canto: un líquido gorjeo que recuerda al del canario y al que añade variaciones basadas en sus gritos.

Identificación: Dorso pardo; cola blanca y negra; alas en su mayor parte negras con una ancha banda amarilla; rostro rojo, con el resto de la cabeza blanco y negro; sexos iguales.

Nidificación: La hembra construye un cuidado nido de raicillas, hierba y musgo, revestido con lana y pelusa, en general en un árbol o seto; pone, de abril a agosto, en general de 4 a 6 huevos azul-claro, ligeramente moteados de pardo; incubación, de 12 a 13 días, sólo por la hembra; ambos padres ceban a los pollos, que vuelan a los 13 ó 14 días; normalmente dos crías, algunas veces tres.

Alimentación: Semillas; frutos de abedul, alisos y otros árboles; algunos insectos, especialmente para cebar a los pollos.

Hábitat: Cultivos.

Lúgano
Carduelis spinus 12 cm

Estos bonitos pájaros adornan con su plumaje amarillo vivo los ramajes desnudos de los árboles, adoptando acrobáticas posturas para alcanzar los amentos (flores masculinas dispuestas en espiga) de las puntas de las ramas. Esta búsqueda, interrumpida por vuelos y gritos alegres -«tli» en vuelo, «tsui» o trinos posado-, ocupa todo el corto día invernal.

En la época de cría los machos vuelan por encima de sus territorios en vuelo nupcial, y su canto, entrecortado con trinos, resuena en los bosques de coníferas o en las poblaciones de alisos.

Ruidosos y fáciles de advertir, ordinariamente se tornan muy discretos en tiempo de cría, hasta tal punto que una antigua leyenda germana suponía que estos pájaros introducían en el nido una piedra mágica que les hacía invisibles. Si la comida es abundante y la temperatura no muy severa se reproducen en época muy temprana, casi en pleno invierno, cuando las parejas se forman dentro de los grupos.

El Lúgano es uno de los pájaros que comúnmente se enjaula, como ocurre con los Jilgueros, Pardillos y otros fringílidos.

Identificación: Plumaje verdiamarillo, con listas oscuras en dorso y flancos; vuelo ondulante típico de fringílido; el macho con babero y antepíleo negros, la hembra más apagada.

Nidificación: Ambos sexos construyen un nido cuidado y compacto, en lo alto de una conífera, de ramitas, líquenes, musgo y lana, forrado con raicillas, pelo, plumas y plumón; pone, en abril-junio, de 3 a 5 huevos azules claro, manchados y rayados de rojo púrpura; incubación, sólo por la hembra, normalmente de 11 a 12 días; los pollos, alimentados al principio sólo por la hembra, vuelan al cabo de unos 15 días; normalmente dos crías.

Alimentación: Principalmente semillas de árboles y de hierbas; insectos durante la época de cría.

Hábitat: Cultivos.

Mirlo Común
Turdus merula 25 cm

En los bosques y los sotos, su medio natural, los mirlos son aves ariscas que permanecen ocultas. Pero los que viven en contacto con el hombre se han hecho mucho más intrépidos y, desde hace un siglo, experimentan una considerable expansión. Si un gran número de especies ha sufrido graves perjuicios a causa de las actividades humanas, el Mirlo Común ha sabido, por su parte, sacar partido de las mismas sin, por otro lado, caer en un estado de estricta dependencia, como el Gorrión Común. Se encuentra en todas partes a nuestro alrededor, e incluso los más pequeños jardines pueden albergar su nido.

Es un pájaro vivo y agitado. Si se asusta, huye volando raso, lanzando un irritado crescendo. Moderadamente inquieto, se contenta con algunos «tchar-tchar» interrogadores, mientras que al acercarse la noche emite con insistencia unas series de «tic-tic-tic-tic», oculto al abrigo de la maleza. En contraste con este repertorio de gritos discordantes, el canto es de una pureza extraordinaria.

De entre los zorzales que crían en España el Mirlo Común es el único en el que el plumaje del macho es diferente al de la hembra; el macho es negro, con el pico amarillo, mientras que la hembra es más parda y apagada, más parecida a otros zorzales.

Identificación: Macho, negro azabache con pico amarillo; la hembra pardo oscura, más clara por las partes inferiores, ligeramente moteada y con pico pardo.

Nidificación: La hembra construye un limpio nido en forma de copa con hierbas, hojas secas y barro en arbusto, arbolillo o alero de un edificio; pone, de marzo a julio, de 3 a 5 huevos verdes azulados claro con puntos pardos; la incubación dura unos 13 días sólo por la hembra; las crías, cebadas por los padres, vuelan al cabo de 13 ó 14 días; generalmente dos o tres crías.

Alimentación: Insectos y sus larvas, lombrices; frutos y semillas.

Hábitat: Parques y jardines.

Mosquitero Silbador
Phylloscopus sibilatrix 12-13 cm

Es el mayor de todos los mosquiteros ibéricos y probablemente el más arbóreo, resulta menos inquieto, dejando las alas con frecuencia medio colgando, sobre todo al cantar que parece sufrir un temblor. Muy escurridizo, pasa fácilmente desapercibido a no ser cuando canta y aun así no se le distingue bien a veces entre el griterío de otros pájaros en el bosque.

Los machos llegan antes que las hembras y cantan con mucha fuerza hasta que aquellas arriban una o dos semanas más tarde. Una vez atraída la hembra a un territorio, el macho realiza una demostración de celo que resulta bien parecida a la similar en otros pequeños pájaros, volando en círculos y con lentitud sobre los árboles de modo que parecen a veces libélulas y mariposas. Este mosquitero se reproduce localmente en la Cordillera Cantábrica y los Pirineos.

Identificación: Partes superiores verde oliva con alas largas, pardas y sin franja alar apreciable, pero teniendo las plumas bordes verde amarillentos; raya superciliar amarilla muy nítida y ancha, la cara y la garganta son amarillas y este color, más difuminado, llega hasta la parte superior del pecho que es blanco lo mismo que el vientre. El pico es pardo negruzco en la mandíbula superior y amarillenta en la inferior; las patas son de color pardo amarillento.

Nidificación: Anida en el suelo en un pequeño hueco y normalmente al abrigo de una mata o entre helechos; la hembra construye ella sola un nido esférico con hierba seca, hojas y ramitas. Esta bola queda bien escondida en el suelo, en realidad es un nido cubierto por encima con una cúpula y bien forrado interiormente. Pone de mayo a junio de 6 a 7 huevos blancos punteados de pardo rojizo, la incubación, sólo por la hembra, dura unos 13 días; la alimentación es a cargo de la pareja dura unos 12 días al final de los cuales dejan el nido y permanecen agrupados unos 3 días más hasta que vuelan con soltura.

Alimentación: Insectos, en otoño pueden comer alguna baya.

Hábitat: Bosques

Paloma Torcaz
Columba palumbus 41 cm

No hay enemigo más encarnizado de encinares y alcornoques que la Paloma Torcaz, la mayor de nuestras palomas.

En España cría por todo el país, muy repartida y siempre en escasa cantidad; sus biotopos característicos son el monte bravío, zonas agrestes con vegetación arbustiva y soto ribereño. Por ser en conjunto una población poco numerosa, los efectos perniciosos de su alimentación no se dejan notar mucho en verano; no ocurre así en otoño e invierno, durante los cuales millones de aves de esta especie llegan del norte de Europa para invernar, provocando serios daños en las cosechas de bellotas del centro, oeste y sur de España. Ya en octubre, grandes bandos entran por el Pirineo occidental, sufriendo en varios puntos una caza tradicional que termina con miles de aves. Según avanza el otoño, las torcaces establecidas en encinares de la zona centro van desplazándose hacia el oeste al irse acabando sus fuentes alimenticias. Los meses de febrero y marzo marcan la partida hacia sus lejanos lugares de cría.

Identificación: Cabeza, cuello y cola grises con punta negra en la cola y mancha verde, púrpura y blanca a los lados del cuello del adulto; dorso y alas pardo grisáceas, con franja alar blanca; pecho gris púrpura pálido; sexos iguales.
Nidificación: La hembra construye una plataforma de ramitas, normalmente en árbol pero a veces en matas o hiedra, a los lados de edificios o incluso en el suelo; pone principalmente de abril a julio, usualmente dos huevos blancos; incubación, de unos 17 días, por ambos sexos; los pollos, alimentados por ambos padres con leche de paloma a base de cereales, abandonan el nido después de 16 a 20 días; generalmente por lo menos dos crías.
Alimentación: Cereales y bellotas, pero también otros frutos silvestres y semillas.
Hábitat: Monte bravío.

Pardillo Común
Carduelis cannabina 13 cm

Su persistente trino ha contribuido a que el Pardillo Común macho sea una de las aves de jaula favoritas en muchas regiones españolas que tradicionalmente se dedican a enjaular toda clase de fringílidos. En el campo, este bonito macho busca un cantadero en arbusto o seto, aunque a veces puede cantar en vuelo ondulante, normalmente con un gorjeo rápido.
Los pardillos cantan incluso en «coro», ya que son aves gregarias, criando a menudo en pequeñas colonias. En invierno se unen a otros fringílidos, formando bandos para comer, que nomadean por los campos.

En la época de cría prefieren lugares con abundancia de arbustos bajos que les procuran buenos sitios de nidificación; frecuentan campos de aliagas, brezos e incluso se encuentran en lugares semipelados, en las altas montañas, en los que crecen aquí y allá plantas ralas; también entran en grandes jardines. Ocasionalmente el Cuco deja sus huevos en los nidos del pardillo, pero los pollos de aquél suelen morir a causa de la especializada dieta (principalmente semillas) con que alimentan los pardillos a sus crías.

Identificación: Dorso pardo rojizo; franja alar blanca; cola escotada con bordes blancos; macho en verano con frente y pecho de color rojo carmín.

Nidificación: La hembra construye nido de hierba y musgo forrado con pelo y lana, normalmente cerca del suelo en un arbusto; pone, de abril a julio, de 4 a 6 huevos azules claro con manchas rojo púrpura aquí y allá; incubación, unos 11 días, principalmente por la hembra; los pollos, alimentados por ambos padres, vuelan a los 12 días; dos crías, a veces tres.

Alimentación: Semillas de herbáceas; algunos insectos, especialmente orugas.

Hábitat: Cultivos.

Petirrojo
Erithacus rubecula 14 cm

Si hubiera que conceder a una de nuestras aves la palma de la familiaridad, ¿quién se la llevaría mejor que el Petirrojo? Su silueta rechoncha y viva, brincando entre las hojas secas en busca de gusanos es bien conocida de los paseantes, que no dejan de notar la presencia de esta pequeña bola con pechera de color rojo vivo.

De hecho, el Petirrojo esconde bien su juego, pues su mal carácter podría perjudicar la amistad que se le concede, aunque es de admirar la energía que despliega un animal tan pequeño en la lucha por la vida. En él, el rojo es una señal de alarma, mientras que en los colirrojos el color de su cola es sólo un medio primitivo de reconocimiento. La visión de otra pechera roja provoca en el Petirrojo una serie de actitudes de intimidación que se acentúan hasta que uno de los protagonistas huye, por lo general, antes de llegar a la lucha. El canto delimita el territorio y evita conflictos.

Las hembras cantan solamente en invierno, período en el cual defienden un territorio propio, a menos que el tiempo se muestre extremadamente riguroso, en cuyo caso aplicarán todas sus energías a la búsqueda y consecución del alimento necesario para subsistir. A mediados del invierno la hembra comienza a buscar pareja, eligiendo entre los machos que cantan.

Identificación: Partes superiores pardo oliváceas; pecho, garganta y frente rojo anaranjado; abdomen blancuzco; sexos iguales.

Nidificación: La hembra construye el nido con hierbas, hojas secas y musgo, en un hoyo, agujero de árbol, muro o alero; pone, de abril a junio, de 3 a 6 huevos blancos, casi siempre con puntos y motas pardo rojizas, cuya incubación dura de 13 a 14 días, sólo por la hembra; los padres alimentan a los pollos, que dejan el nido sobre los 14 días; dos crías.

Alimentación: Insectos, larvas, gusanos, arañas y bayas.

Hábitat: Sotos.

Ruiseñor Común
Luscinia megarhynchos 16,5 cm

En contra de la creencia popular, puede oírse cantar a los Ruiseñores tanto de día como de noche, aunque sus interpretaciones se oyen mejor en la quietud de una cálida tarde a fines de primavera, cuando los machos compiten para atraer a las hembras que vienen de sus cuarteles de invierno en África tropical. Las hembras llegan unos diez días después que los machos.

El canto es inolvidable por su volumen, su variedad de notas y por la fuerza con que es emitido. Por cada diez personas que le han oído cantar, difícilmente habrá una que haya visto realmente a ésta arisca ave, pues cuando salen al descubierto son pájaros poco visibles, que llaman la atención sólo por su canto.

El Ruiseñor Común esconde su nido tan cuidadosamente como se oculta él mismo, construyéndolo cerca del suelo entre la espesa vegetación. En su cortejo nupcial, el macho despliega la cola, la sube y la baja, agitando las alas e inclinándose hasta llegar con el pico a menor altura que su posadero.

Identificación: Plumaje pardo sin rasgos sobresalientes, cola pardo-rojiza; partes inferiores pardo-grisáceas; garganta blancuzca; sexos iguales.

Nidificación: La hembra construye el nido de hojas secas forrado con hierba y pelo, en el suelo o cerca de él; pone, en mayo, 5 huevos verde-oliváceo u oliváceo-oscuro; incubación, sólo por la hembra, unos 15 días; los pollos, alimentados por ambos padres, dejan el nido a los 12 días.

Alimentación: Principalmente insectos del suelo; también lombrices, arañas y algunas bayas.

Hábitat: Sotos.

Tórtola Europea
Streptopelia turtus 28 cm

Una golondrina no hace verano, pero la llegada de la primera Tórtola señala la proximidad del estío. Su dulce arrullo, especie de ronroneo repetido, «rourr-rourr-rourr», se escucha en los primeros días de abril.

Más pequeña que las palomas, fina y nerviosa, sólo deja ver el borde blanco de la cola cuando huye con grandes y entrecortados batidos de alas.

La Tórtola debe defender ásperamente su territorio, y su voz adopta a veces entonaciones belicosas. Delante de la hembra, el macho se agita, con el plumaje esponjado, en profundas reverencias, y luego se echa a volar bruscamente en vertical, y se deja caer, planeando, con todas las plumas extendidas, dando vueltas sobre aquélla.

En septiembre, las tórtolas emigran a África, volando sobre todo de noche en pequeños bandos, mientras que nuestras restantes palomas, también gregarias, efectúan sus migraciones durante el día.

Ave muy común como nidificante en España, particularmente en todo el oeste y sur, la Tórtola se caza tradicionalmente en muchas regiones en los llamados «pasos», vuelos diarios comedero-bebedero y viceversa.

Identificación: Grácil, con partes superiores de color rojizo arenoso y pecho rosado; mancha listada de blanco y negro en los lados del cuello; cola larga con bordes blancos; sexos iguales.

Nidificación: La hembra construye una débil plataforma de ramas finas, forrada a veces con raíces, en árbol o arbusto, entre 1 y 5 metros al menos; pone, de mayo a julio, 2 huevos blancos lustrosos; incubación, sobre los 14 días, por ambos padres; los pollos, alimentados por la pareja, abandonan el nido tras unos 18 días, volando pocos días más tarde; generalmente dos crías.

Alimentación: Semillas y grano, pipas de girasoles, frutos y pequeños caracoles.

Hábitat: Monte bravío

Triguero
Emberiza calandra 16 cm

Algunas aves son monógamas y otras polígamas, pero el Triguero puede ser las dos cosas. Se ha registrado, aunque no ha sido aceptado por todos los ornitólogos, individuos con harenes hasta de siete hembras, cada una con distinto nido y en la misma área. El macho escoge un cantadero a alturas que van desde un montón de tierra hasta más de 10 metros en un árbol, desde el cual puede vigilar su nido o por lo menos el camino utilizado por la hembra que incuba cuando deja el nido para alimentarse.

Es posible que por ser el Triguero una de nuestras aves pardas menos llamativas y debido a su falta de atractivo a los ojos de muchos observadores de aves, sea por lo que hasta 1930 no se sospecharan sus costumbres polígamas.

Es ave de terreno abierto, como campos cultivados sin árboles, tierras bajas y áreas de pastoreo. Pero aunque susceptible de ocupar diferentes hábitats, el Triguero se distribuye de modo curioso. Se puede viajar durante kilómetros por terrenos aparentemente apropiados para el ave sin verla ni oírla; y luego, como si se cruzara una frontera invisible, encontrar de repente que es común.

Identificación: Plumaje pardusco listado; cabeza robusta, y pico claro; el canto, como de sacudir llaves, identifica al macho en verano; sexos iguales.

Nidificación: La hembra construye un descuidado nido de hierba seca, bien oculto entre maleza, en el suelo o cerca de él; puesta, de abril a junio, de 3 a 5 huevos, grisáceos pálido o pardo claro, con marcadas rayas y líneas pardo negruzcas; incubación, sólo por la hembra, de unos 12 a 13 días; los pollos, alimentados sólo por la hembra, empiezan a volar a los 10 días; generalmente dos crías.

Alimentación: Semillas, hojas, hierbas, grano; también insectos y pequeños animales terrícolas.

Hábitat: Cultivos

Urraca
Pica pica 46 cm

Cola de 20 a 25 cm
Algunas de las costumbres alimenticias de la Urraca la hacen altamente impopular entre los cazadores, por lo que es fuertemente perseguida en muchas zonas cinegéticas. Roba los nidos de otras aves, incluyendo los de perdices, tanto los huevos como los polluelos, y esto es lo que contraría a los cazadores.

A pesar de todo, puede decirse que la Urraca está distribuida por toda España, faltando ocasionalmente en determinadas zonas, aunque normalmente se encuentra en apreciable cantidad y en algunos sitios su número ha aumentado en los últimos años, colonizando zonas en las que no hace mucho era desconocida. En gran parte de su área de cría, los nidos de Urraca son a veces parasitizados por el Críalo.

Las Urracas normalmente viven solitarias o en pares, aunque a fin de invierno y principios de primavera pueden verse hasta cien o más en grupos ceremoniales cuyo propósito aún no ha sido comprendido. Gritan, saltan por las ramas y se persiguen unas a otras. El instinto de almacenar, común a todos los córvidos, está altamente desarrollado en estas aves. Suelen ocultar no sólo el alimento sobrante, sino también cualquier objeto brillante o coloreado que llame su atención.

Identificación: Plumaje fuertemente contrastado, negro iridiscente y blanco; cola larga cuneiforme; sexos iguales.

Nidificación: Ambos sexos construyen nido con techo, de ramitas, en arbusto o árbol, con forro de barro cubierto con raicillas; pone, abril mayo, de 4 a 7 huevos verdes claro densamente marcados con gris castaño; incubación, de unos 21 días, sólo por la hembra; los pollos, alimentados por ambos padres, vuelan tras unos 27 días.

Alimentación: Insectos y sus larvas, grano, frutos y semillas, huevos y aves jóvenes, otros pequeños animales y carroña; ranas, caracoles y desperdicios urbanos.

Hábitat: Monte bravío.

Vencejo Real
Apus melba 21 cm

En el acantilado calizo, algunas aves evolucionan a velocidad vertiginosa en la cumbre de la estrecha garganta. Con sus largas alas arqueadas en forma de guadaña descienden en picado dejando oír a veces vibrantes chillidos que el eco amplía: son los Vencejos Reales, que describen círculos en las cercanías de su colonia de cría.

Incansables, recorren el lugar, capturando insectos al vuelo que aglutinan con su pegajosa saliva, almacenándolos en el buche para alimentar de vez en cuando a los pollos. A excepción de estas rápidas visitas al nido, casi toda su vida activa se desarrolla en el medio aéreo.

Estival, aparece en nuestras latitudes durante los meses de marzo y abril, con mucha anticipación a la época de cría; una vez realizada ésta, no se va hasta bastante después, ya efectuada la muda posnupcial. En algunos casos puede permanecer hasta la primera decena de noviembre, pero en general marcha hacia sus cuarteles de invierno en África tropical en septiembre y octubre.

Identificación: Mayor que el Vencejo Común; partes superiores y cola parduscas; partes inferiores blancas con excepción de faja pectoral parda; sexos iguales.

Nidificación: Suele anidar en colonias; nido de paja, plumas y barro pegados con saliva, construido por ambos sexos, colocado en fisuras de acantilados, zonas montañosas y bajo puentes en el llano; a veces en edificios; puesta, en mayo, de 2 a 3 huevos blancos; incubación, por ambos padres, alrededor de 20 días; los pollos, alimentados por los dos progenitores, permanecen en el nido hasta los 60 días.

Alimentación: Insectos y arañas cazados al vuelo.

Hábitat: Montañas y riscos.

Verdecillo
Serinus serinus 11 cm

El Verdecillo es pariente del Canario que, introducido en Europa en el siglo XV, constituye el origen de toda la familia de Canarios que conocemos en la actualidad. Su librea es discreta, adornada únicamente de amarillo en la frente, el pecho y el obispillo.

Esta ave vive en los parques y jardines, frecuenta también los terrenos baldíos y los taludes abandonados en busca de comida. Al principio de la primavera se instala para anidar en la proximidad de las aglomeraciones y, sobre todo, donde hay coníferas. La hembra construye discretamente un nido mullido en una rama pequeña y desde la copa de un árbol vecino el macho lanza sus interminables frases, animándola. También emite el canto durante su sinuoso vuelo, y con las alas extendidas y la cola abierta parece una gran mariposa. Las manifestaciones vocales y el vuelo característico tienen un significado territorial: ningún otro macho es admitido en las proximidades.

En España es muy común; cría sobre todo en frutales y todo tipo de árboles y arbustos. Los bandos otoño-invernales, a veces muy nutridos, realizan desplazamientos de sus lugares habituales de cría hacia zonas de cultivos para alimentarse.

Identificación: Por encima, amarillento rayado de pardo; obispillo amarillo; pico ancho y corto. Macho con frente, lista superciliar y pecho amarillos; hembra menos amarilla y más rayada.

Nidificación: Nido pequeño de hierba seca, musgo, líquenes y telas de araña, forrado con pelusa vegetal, plumas, crines y lana; puesta, de abril a mayo, de 3 a 4 huevos blancuzcos poco manchados de pardo rojizo; incubación, sólo por la hembra, 13 días; durante la primera parte de la ceba el macho nutre a la hembra y a los pollos; éstos vuelan tras unos 14 ó 16 días.

Alimentación: Semillas, brotes, orugas.

Hábitat: Parques y jardines.

Verderón Serrano
Serinus citrinella 12-13 cm

El Verderón Serrano es un pájaro muy sociable fuera de la época de reproducción, siendo fácil de observar en pequeños bandos comiendo en el suelo y posándose en grupos bastante ruidosos muy a menudo en árboles. Su conducta recuerda a la del Jilguero, incluso cuando en la primavera las parejas se hallan dispersas. Vive en zonas montañosas por encima de los 1.000 metros, pero no suele rebasar los 2.000 metros. En España existe en la Cordillera Cantábrica, en los Pirineos, Sistemas Central e Ibérico, donde hay certeza que se reproduce, pero observaciones primaverales existen incluso en Sierra Nevada.

Como frecuentemente vive en bordes de bosques de montaña o cerca de campo abierto y praderas. Consume innumerables semillas, posándose acrobáticamente a veces en los tallos de las plantas gramíneas, pero también muy a menudo recogiéndolas del suelo donde es difícil de descubrir y resulta muy manso, por lo que el observador se puede acercar a dos metros de distancia sin que el pájaro se dé cuenta, tan atento está en picotear entre la hierba.

Identificación: Los machos tienen la parte anterior de la cabeza, el mentón y la garganta de color verde amarillento que se extiende al pecho, al centro del vientre y a las plumas infracobertoras de la cola. Los flancos son verdosos teñidos de gris y la cola muy escotada, y las alas marrón negruzco y a través de ellas se distinguen dos bandas amarillentas. La espalda es verde olivácea y el obispillo amarillo verdoso. La nuca y los lados del cuello son grises. Las hembras tienen en general el color más apagado y manchado de pardo.

Nidificación: La hembra construye el nido generalmente en árboles y a gran altura, comenzando su construcción en la última semana de abril hasta mediados de mayo. El nido es pequeño y está formado por hierbas secas raíces y líquenes, forrado con plumón de cardo, raicillas y plumas; la puesta es de 3 a 5 huevos de color azul verdoso con manchitas y rayas; la incubación, sólo por la hembra, dura de 12 a 14 días; la alimentación de los pollos corre a cargo de la pareja; los pollos vuelan sobre los 18 días; en años de abundancia crían varias veces.

Alimentación: Generalmente semillas, aunque para la ceba de los pollos consume muchos insectos.

Hábitat: Montañas y riscos

Zorzal Alirrojo
Turdus iliacus 21 cm

Este es el más pequeño de nuestros zorzales y, como el Zorzal Real, es únicamente un visitante de invierno procedente del norte de Europa. Por ello, su canto raramente se oye en España, donde el grito más frecuente es un fino y agudo «seep», que emiten frecuentemente los bandos en migración, muchas veces durante la noche.

En los inviernos muy crudos suelen perecer en gran número, especialmente en el centro de Europa, debido a que se hiela el suelo y no pueden conseguir alimento.

Aunque no cría en España, es ave abundante durante ambos pasos y en invierno, demostrando en esta época su sociabilidad. Llegan en bandos más o menos numerosos durante todo el mes de octubre, viajando siempre de noche; por el día, estos grupos se acantonan en bosquetes mientras recuperan fuerzas y comen para poder reemprender su viaje. Durante el paso primaveral no es raro que se aventuren en los parques de las ciudades. Su área de invernada se extiende por casi todo nuestro país, aunque parece más abundante en el este que en el oeste; se mezcla en bandos con el Zorzal Común, alimentándose de frutos variados.

Identificación: Un poco más pequeño que el Zorzal Común, del cual se distingue por una visible lista superciliar blanca y marcas rojizas en los flancos y bajo las alas; sexos iguales.

Nidificación: Cuenco de hierba, con base de ramitas y tierra, construido en árbol, arbusto o en el suelo, y a veces decorado con musgo o liquen; puesta, a mediados de mayo a junio, usualmente de 4 a 6 huevos verde azulados con marcas pardo rojizas; incubación, alrededor de 13 días, por ambos padres; los pollos, alimentados por ambos padres, dejan el nido tras unos 14 días.

Alimentación: Lombrices, caracoles, orugas, escarabajos y sus larvas; majuelos, lentiscos y otros frutos silvestres, así como aceitunas.

Hábitat: Sotos.